THÉATRE CLASSIQUE
DES FRANÇAIS.

TOME XXIII.

THÉATRE
CHOISI
DE VOLTAIRE.

TOME SEPTIÈME.

THÉATRE
CHOISI
DE VOLTAIRE.

TOME SEPTIÈME.

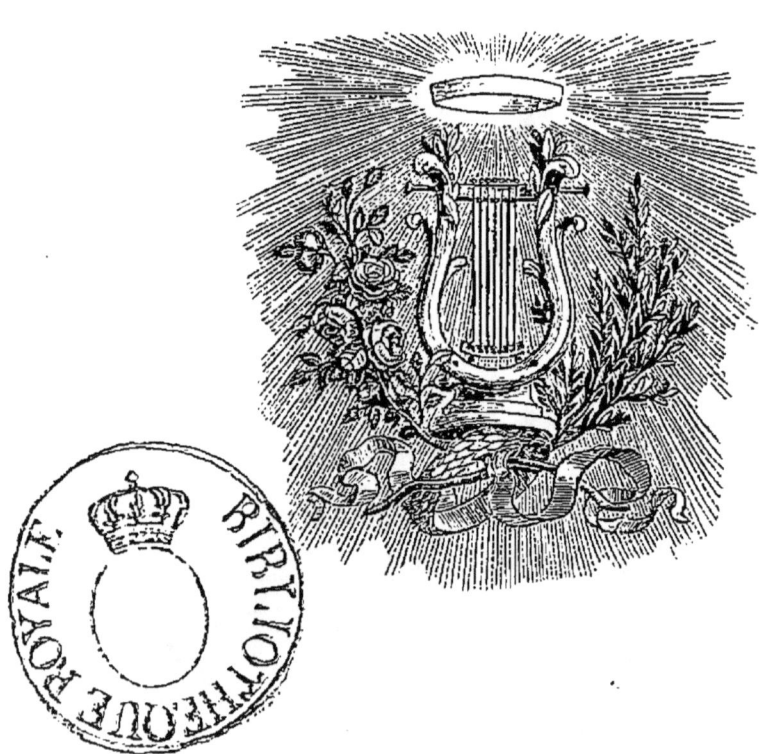

PARIS,
CHEZ TREUTTEL ET WÜRTZ, RUE DE LILLE, N° 17;
ET MÊME MAISON DE COMMERCE,
A STRASBOURG, GRAND'RUE, N° 15.—LONDRES, 30, SOHO-SQUARE.
1831.

NANINE,

OU

LE PRÉJUGÉ VAINCU,

COMÉDIE

Représentée, pour la première fois, le 16 juin 1749.

PRÉFACE.

Cette bagatelle fut représentée à Paris dans l'été de 1749, parmi la foule des spectacles qu'on donne à Paris tous les ans.

Dans cette autre foule, beaucoup plus nombreuse, de brochures dont on est inondé, il en parut une, dans ce temps-là, qui mérite d'être distinguée. C'est une dissertation ingénieuse et approfondie d'un académicien de la Rochelle sur cette question, qui semble partager depuis quelques années la littérature; savoir, s'il est permis de faire des comédies attendrissantes? Il paraît se déclarer fortement contre ce genre, dont la petite comédie de *Nanine* tient beaucoup en quelques endroits. Il condamne, avec raison, tout ce qui aurait l'air d'une tragédie bourgeoise. En effet, que serait-ce qu'une intrigue tragique entre des hommes du commun? ce serait seulement avilir le cothurne; ce serait manquer à-la-fois l'objet de la tragédie et de la comédie; ce serait une espèce bâtarde, un monstre né de l'impuissance de faire une comédie et une tragédie véritables.

Cet académicien judicieux blâme surtout les intrigues romanesques et forcées dans ce genre de comédie, où l'on veut attendrir les spectateurs, et qu'on appelle, par dérision, comédie larmoyante. Mais dans quel genre les intrigues romanesques et forcées peuvent-elles être admises? Ne sont-elles pas toujours un vice essentiel dans quelque ouvrage que ce puisse être? Il conclut enfin en disant que, si dans une comédie l'attendrissement peut aller quelquefois jusqu'aux larmes, il n'appartient qu'à la passion de l'amour de les faire répandre. Il n'entend pas sans doute l'amour tel qu'il est représenté dans les bonnes tragédies, l'amour furieux, barbare, funeste, suivi de crimes et de remords; il entend l'amour naïf et tendre, qui seul est du ressort de la comédie.

Cette réflexion en fait naître une autre, qu'on soumet au jugement des gens de lettres : c'est que, dans notre nation, la tragédie a commencé par s'approprier le langage de la comédie. Si l'on y prend garde, l'amour, dans beaucoup d'ouvrages, dont la terreur et la pitié devraient être l'ame, est traité comme il doit l'être en effet dans le genre comique. La galanterie, les déclarations d'amour, la coquetterie, la naïveté, la familiarité, tout cela ne se trouve que trop chez nos héros et nos héroïnes de Rome et de la Grèce, dont nos théâtres retentissent : de sorte qu'en effet l'amour naïf et attendrissant, dans une comédie, n'est point un larcin fait à Melpomène; mais c'est au contraire Melpomène qui, depuis long-temps, a pris chez nous les brodequins de Thalie.

Qu'on jette les yeux sur les premières tragédies qui eurent de si prodigieux succès vers le temps du cardinal de Richelieu, la *Sophonisbe* de Mairet, la *Mariamne*, l'*Amour tyrannique*, *Alcionée*: on verra que l'amour y parle toujours sur un ton aussi familier, et quelquefois aussi bas que l'héroïsme s'y exprime avec une emphase ridicule. C'est peut-être la raison pour laquelle notre nation n'eut, en ce temps-là, aucune comédie supportable. C'est qu'en effet le théâtre tragique avait envahi tous les droits de l'autre. Il est même vraisemblable que cette raison détermina Molière à donner rarement aux amants qu'il met sur la scène une passion vive et touchante : il sentait que la tragédie l'avait prévenu.

Depuis la *Sophonisbe* de Mairet, qui fut la première pièce dans laquelle on trouva quelque régularité, on avait commencé à regarder les déclarations d'amour des héros, les réponses artificieuses et coquettes des princesses, les peintures galantes de l'amour, comme des choses essentielles au théâtre tragique. Il est resté des écrits de ce temps-là dans lesquels on cite avec de grands éloges ces vers que dit Massinisse après la bataille de Cirthe :

> J'aime plus de moitié quand je me sens aimé,
> Et ma flamme s'accroît par un cœur enflammé :
> Comme par une vague une vague s'irrite,
> Un soupir amoureux par un autre s'excite.
> Quand les chaînes d'hymen étreignent deux esprits,
> Un plaisir doit se rendre aussitôt qu'il est pris.

Cette habitude de parler ainsi d'amour influa sur les meilleurs esprits; et ceux-mêmes dont le génie mâle et sublime était fait pour rendre en tout à la tragédie son ancienne dignité, se laissèrent entraîner à la contagion.

On vit dans les meilleures pièces :

> . . . . . . Un malheureux visage
> *qui* D'un chevalier romain captiva le courage.

Le héros dit à sa maîtresse :

> Adieu, trop vertueux objet et trop charmant.

L'héroïne lui répond :

> Adieu, trop malheureux et trop parfait amant.

Cléopâtre dit qu'une princesse

> . . . . . . Aimant sa renommée,
> En avouant qu'elle aime, est sûre d'être aimée;

PRÉFACE.

Que César

> . . . Trace des soupirs, et, d'un style plaintif,
> Dans son champ de victoire il se dit son captif.

Elle ajoute qu'il ne tient qu'à elle d'avoir des rigueurs et de rendre César malheureux; sur quoi sa confidente lui répond :

> J'oserais bien jurer que vos charmants appas
> Se vantent d'un pouvoir dont ils n'useront pas.

Dans toutes les pièces du même auteur, qui suivent la *Mort de Pompée,* on est obligé d'avouer que l'amour est toujours traité de ce ton familier. Mais, sans prendre la peine inutile de rapporter des exemples de ces défauts trop visibles, examinons seulement les meilleurs vers que l'auteur de *Cinna* ait fait débiter sur le théâtre, comme maximes de galanterie :

> Il est des nœuds secrets, il est des sympathies,
> Dont par le doux rapport les ames assorties
> S'attachent l'une à l'autre, et se laissent piquer
> Par ce je ne sais quoi qu'on ne peut expliquer.

De bonne-foi, croirait-on que ces vers du haut comique fussent dans la bouche d'une princesse des Parthes, qui va demander à son amant la tête de sa mère? Est-ce dans un jour si terrible qu'on parle *d'un je ne sais quoi, dont par le doux rapport les ames sont assorties?* Sophocle aurait-il débité de tels madrigaux? et toutes ces petites sentences amoureuses ne sont-elles pas uniquement du ressort de la comédie?

Le grand homme qui a porté à un si haut point la véritable éloquence dans les vers, qui a fait parler à l'amour un langage à-la-fois si touchant et si noble, a mis cependant dans ses tragédies plus d'une scène que Boileau trouvait plus digne de la haute comédie de Térence que du rival et du vainqueur d'Euripide.

On pourrait citer plus de trois cents vers dans ce goût. Ce n'est pas que la simplicité, qui a ses charmes, la naïveté, qui quelquefois même tient du sublime, ne soient nécessaires pour servir ou de préparation, ou de liaison et de passage au pathétique; mais si ces traits naïfs et simples appartiennent même au tragique, à plus forte raison appartiennent-ils au grand comique. C'est dans ce point, où la tragédie s'abaisse, et où la comédie s'élève, que ces deux arts se rencontrent et se touchent: c'est-là seulement que leurs bornes se confondent; et s'il est permis à Oreste et à Hermione de se dire :

> Ah! ne souhaitez pas le destin de Pyrrhus;
> Je vous haïrais trop. — Vous m'en aimeriez plus.
> Ah! que vous me verriez d'un regard moins contraire!
> Vous me voulez aimer, et je ne puis vous plaire...
> Vous m'aimeriez, Madame, en me voulant haïr...

PRÉFACE.

> Car enfin il vous hait; son ame, ailleurs éprise,
> N'a plus. — Qui vous l'a dit, Seigneur, qu'il me méprise?
> Jugez-vous que ma vue inspire des mépris?

Si ces héros, dis-je, se sont exprimés avec cette familiarité, à combien plus forte raison le Misanthrope est-il bien reçu à dire à sa maîtresse avec véhémence :

> Rougissez bien plutôt, vous en avez raison;
> Et j'ai de sûrs témoins de votre trahison...
> Ce n'était pas en vain que s'alarmait ma flamme...
> Mais ne présumez pas que, sans être vengé,
> Je succombe à l'affront de me voir outragé...
> C'est une trahison, c'est une perfidie
> Qui ne saurait trouver de trop grands châtiments.
> Oui, je peux tout permettre à mes ressentiments :
> Redoutez tout, Madame, après un tel outrage :
> Je ne suis plus à moi; je suis tout à la rage.
> Percé du coup mortel dont vous m'assassinez,
> Mes sens par la raison ne sont plus gouvernés.

Certainement si toute la pièce du *Misanthrope* était dans ce goût, ce ne serait plus une comédie. Si Oreste et Hermione s'exprimaient toujours comme on vient de le voir, ce ne serait plus une tragédie : mais après que ces deux genres si différents se sont ainsi rapprochés, ils rentrent chacun dans leur véritable carrière; l'un reprend le ton plaisant, et l'autre le ton sublime.

La comédie, encore une fois, peut donc se

passionner, s'emporter, attendrir, pourvu qu'ensuite elle fasse rire les honnêtes gens. Si elle manquait de comique, si elle n'était que larmoyante, c'est alors qu'elle serait un genre très-vicieux et très-désagréable.

On avoue qu'il est rare de faire passer les spectateurs insensiblement de l'attendrissement au rire : mais ce passage, tout difficile qu'il est de le saisir dans une comédie, n'en est pas moins naturel aux hommes. On a déjà remarqué ailleurs que rien n'est plus ordinaire que des aventures qui affligent l'ame, et dont certaines circonstances inspirent ensuite une gaîté passagère. C'est ainsi malheureusement que le genre humain est fait. Homère représente même les Dieux riant de la mauvaise grâce de Vulcain, dans le temps qu'ils décident du destin du monde. Hector sourit de la peur de son fils Astyanax, tandis qu'Andromaque répand des larmes.

On voit souvent, jusque dans l'horreur des batailles, des incendies, de tous les désastres qui nous affligent, qu'une naïveté, un bon mot, excitent le rire jusque dans le sein de la désolation et de la pitié. On défendit à un régiment, dans la bataille de Spire, de faire quartier; un officier allemand demande la vie à l'un des nôtres, qui lui répond : *Monsieur, demandez-moi toute autre chose,*

PRÉFACE.

mais pour la vie il n'y a pas moyen. Cette naïveté passe aussitôt de bouche en bouche, et on rit au milieu du carnage. A combien plus forte raison le rire peut-il succéder, dans la comédie, à des sentiments touchants? Ne s'attendrit-on pas avec Alcmène? ne rit-on pas avec Sosie? Quel misérable et vain travail de disputer contre l'expérience! Si ceux qui disputent ainsi ne se payaient pas de raison, et aimaient mieux des vers, on leur citerait ceux-ci :

> L'Amour règne par le délire
> Sur ce ridicule univers :
> Tantôt aux esprits de travers
> Il fait rimer de mauvais vers;
> Tantôt il renverse un empire.
> L'œil en feu, le fer à la main,
> Il frémit dans la tragédie;
> Non moins touchant, et plus humain,
> Il anime la comédie :
> Il affadit dans l'élégie;
> Et, dans un madrigal badin,
> Il se joue aux pieds de Sylvie.
> Tous les genres de poésie,
> De Virgile jusqu'à Chaulieu,
> Sont aussi soumis à ce Dieu
> Que tous les états de la vie.

PERSONNAGES.

LE COMTE D'OLBAN, seigneur retiré à la campagne.

LA BARONNE DE L'ORME, parente du comte, femme impérieuse, aigre, difficile à vivre.

LA MARQUISE D'OLBAN, mère du comte.

NANINE, fille élevée dans la maison du comte.

PHILIPPE HOMBERT, paysan du voisinage.

BLAISE, jardinier.

GERMON, } domestiques.
MARIN,

La scène est dans le château du comte d'Olban.

NANINE,

ou

LE PRÉJUGÉ VAINCU,

COMÉDIE.

ACTE PREMIER.

SCÈNE I.

LE COMTE D'OLBAN, LA BARONNE DE L'ORME.

LA BARONNE.

Il faut parler, il faut, monsieur le comte,
Vous expliquer nettement sur mon compte.
Ni vous ni moi n'avons un cœur tout neuf;
Vous êtes libre, et depuis deux ans veuf :
Devers ce temps j'eus cet honneur moi-même;
Et nos procès, dont l'embarras extrême
Etait si triste et si peu fait pour nous,
Sont enterrés, ainsi que mon époux.

LE COMTE.

Oui, tout procès m'est fort insupportable.

LA BARONNE.

Ne suis-je pas comme eux fort haïssable?

LE COMTE.

Qui? vous, Madame?

LA BARONNE.

Oui, moi. Depuis deux ans,
Libres tous deux, comme tous deux parents,
Pour terminer nous habitons ensemble;
Le sang, le goût, l'intérêt nous rassemble.

LE COMTE.

Ah! l'intérêt! parlez mieux.

LA BARONNE.

Non, Monsieur,
Je parle bien, et c'est avec douleur;
Et je sais trop que votre ame inconstante
Ne me voit plus que comme une parente.

LE COMTE.

Je n'ai pas l'air d'un volage, je croi.

LA BARONNE.

Vous avez l'air de me manquer de foi.

LE COMTE, *à part*.

Ah!

LA BARONNE.

Vous savez que cette longue guerre,
Que mon mari vous faisait pour ma terre,
A dû finir en confondant nos droits
Dans un hymen dicté par notre choix;
Votre promesse à ma foi vous engage :
Vous différez; et qui diffère outrage.

ACTE I, SCÈNE I.

LE COMTE.

J'attends ma mère.

LA BARONNE.

    Elle radote; bon!

LE COMTE.

Je la respecte, et je l'aime.

LA BARONNE.

      Et moi, non.
Mais pour me faire un affront qui m'étonne,
Assurément vous n'attendez personne,
Perfide, ingrat!

LE COMTE.

   D'où vient ce grand courroux?
Qui vous a donc dit tout cela?

LA BARONNE.

       Qui? vous,
Vous, votre ton, votre air d'indifférence,
Votre conduite, en un mot, qui m'offense,
Qui me soulève, et qui choque mes yeux :
Ayez moins tort, ou défendez-vous mieux.
Ne vois-je pas l'indignité, la honte,
L'excès, l'affront du goût qui vous surmonte?
Quoi! pour l'objet le plus vil, le plus bas,
Vous me trompez!

LE COMTE.

    Non, je ne trompe pas;
Dissimuler n'est pas mon caractère.
J'étais à vous, vous aviez su me plaire,
Et j'espérais avec vous retrouver
Ce que le Ciel a voulu m'enlever;

Goûter en paix, dans cet heureux asile,
Les nouveaux fruits d'un nœud doux et tranquille,
Mais vous cherchez à détruire vos lois.
Je vous l'ai dit, l'Amour a deux carquois;
L'un est rempli de ces traits tout de flamme,
Dont la douceur porte la paix dans l'ame,
Qui rend plus purs nos goûts, nos sentiments,
Nos soins plus vifs, nos plaisirs plus touchants :
L'autre n'est plein que de flèches cruelles,
Qui, répandant les soupçons, les querelles,
Rebutent l'ame, y portent la tiédeur,
Font succéder les dégoûts à l'ardeur :
Voilà les traits que vous prenez vous-même
Contre nous deux : et vous voulez qu'on aime!

LA BARONNE.

Oui, j'aurai tort! Quand vous vous détachez,
C'est donc à moi que vous le reprochez.
Je dois souffrir vos belles incartades,
Vos procédés, vos comparaisons fades.
Qu'ai-je donc fait pour perdre votre cœur?
Que me peut-on reprocher?

LE COMTE.

     Votre humeur.
N'en doutez pas : oui, la beauté, Madame,
Ne plaît qu'aux yeux; la douceur charme l'ame.

LA BARONNE.

Mais êtes-vous sans humeur, vous?

LE COMTE.

       Moi? non;
J'en ai sans doute, et, pour cette raison,

ACTE I, SCÈNE I.

Je veux, Madame, une femme indulgente,
Dont la beauté douce et compatissante,
A mes défauts facile à se plier,
Daigne avec moi me réconcilier,
Me corriger, sans prendre un ton caustique,
Me gouverner, sans être tyrannique,
Et dans mon cœur pénétrer pas à pas,
Comme un jour doux dans des yeux délicats.
Qui sent le joug, le porte avec murmure;
L'amour tyran est un dieu que j'abjure.
Je veux aimer, et ne veux point servir;
C'est votre orgueil qui peut seul m'avilir.
J'ai des défauts; mais le ciel fit les femmes
Pour corriger le levain de nos ames,
Pour adoucir nos chagrins, nos humeurs,
Pour nous calmer, pour nous rendre meilleurs.
C'est-là leur lot; et pour moi je préfère
Laideur affable à beauté rude et fière.

LA BARONNE.

C'est fort bien dit, traître! vous prétendez,
Quand vous m'outrez, m'insultez, m'excédez,
Que je pardonne, en lâche complaisante,
De vos amours la honte extravagante?
Et qu'à mes yeux un faux air de hauteur
Excuse en vous les bassesses du cœur?

LE COMTE.

Comment, Madame?

LA BARONNE.

Oui, la jeune Nanine
Fait tout mon tort. Un enfant vous domine,

Une servante, une fille des champs,
Que j'élevai par mes soins imprudents,
Que par pitié votre facile mère
Daigna tirer du sein de la misère.
Vous rougissez !

LE COMTE.
Moi ! je lui veux du bien.

LA BARONNE.
Non, vous l'aimez ; j'en suis très-sûre.

LE COMTE.
Eh bien !
Si je l'aimais, apprenez donc, Madame,
Que hautement je publîrais ma flamme.

LA BARONNE.
Vous en êtes capable.

LE COMTE.
Assurément.

LA BARONNE.
Vous oseriez trahir impudemment
De votre rang toute la bienséance ;
Humilier ainsi votre naissance ;
Et, dans la honte où vos sens sont plongés,
Braver l'honneur !

LE COMTE.
Dites les préjugés.
Je ne prends point, quoi qu'on en puisse croire,
La vanité pour l'honneur et la gloire.
L'éclat vous plaît ; vous mettez la grandeur
Dans des blasons : je la veux dans le cœur.
L'homme de bien, modeste avec courage,

ACTE I, SCÈNE I.

Et la beauté spirituelle, sage,
Sans bien, sans nom, sans tous ces titres vains,
Sont à mes yeux les premiers des humains.

LA BARONNE.

Il faut au moins être bon gentilhomme.
Un vil savant, un obscur honnête homme,
Serait chez vous, pour un peu de vertu,
Comme un seigneur avec honneur reçu?

LE COMTE.

Le vertueux aurait la préférence.

LA BARONNE.

Peut-on souffrir cette humble extravagance?
Ne doit-on rien, s'il vous plaît, à son rang?

LE COMTE.

Etre honnête homme est ce qu'on doit.

LA BARONNE.

Mon sang
Exigerait un plus haut caractère.

LE COMTE.

Il est très-haut; il brave le vulgaire.

LA BARONNE.

Vous dégradez ainsi la qualité!

LE COMTE.

Non, mais j'honore ainsi l'humanité.

LA BARONNE.

Vous êtes fou : quoi! le public, l'usage!

LE COMTE.

L'usage est fait pour le mépris du sage;
Je me conforme à ses ordres gênants,
Pour mes habits, non pour mes sentiments.

Il faut être homme, et d'une ame sensée
Avoir à soi ses goûts et sa pensée.
Irai-je en sot aux autres m'informer
Qui je dois fuir, chercher, louer, blâmer?
Quoi! de mon être il faudra qu'on décide?
J'ai ma raison; c'est ma mode et mon guide.
Le singe est né pour être imitateur;
Et l'homme doit agir d'après son cœur.

LA BARONNE.

Voilà parler en homme libre, en sage.
Allez, aimez des filles de village,
Cœur noble et grand; soyez l'heureux rival
Du magister et du greffier fiscal;
Soutenez bien l'honneur de votre race.

LE COMTE.

Ah! juste Ciel! que faut-il que je fasse?

SCÈNE II.

LE COMTE, LA BARONNE, BLAISE.

LE COMTE.

Que veux-tu, toi?

BLAISE.

C'est votre jardinier,
Qui vient, Monsieur, humblement supplier
Votre grandeur...

LE COMTE.

Ma grandeur! Eh bien! Blaise,
Que te faut-il?

ACTE I, SCÈNE II.

BLAISE.

Mais c'est, ne vous déplaise,
Que je voudrais me marier...

LE COMTE.

D'accord,
Très-volontiers; ce projet me plaît fort.
Je t'aiderai; j'aime qu'on se marie :
Et la future, est-elle un peu jolie?

BLAISE.

Ah! oui, ma foi! c'est un morceau friand.

LA BARONNE.

Et Blaise en est aimé?

BLAISE.

Certainement.

LE COMTE.

Et nous nommons cette beauté divine...

BLAISE.

Mais, c'est...

LE COMTE.

Eh bien?

BLAISE.

C'est la belle Nanine.

LE COMTE.

Nanine?

LA BARONNE.

Ah! bon! je ne m'oppose point
A de pareils amours.

LE COMTE, *à part*.

Ciel! à quel point
On m'avilit! Non, je ne le puis être.

BLAISE.

Ce parti-là doit bien plaire à mon maître.

LE COMTE.

Tu dis qu'on t'aime, impudent!

BLAISE.

     Ah! pardon.

LE COMTE.

T'a-t-elle dit qu'elle t'aimât?

BLAISE.

     Mais... non,
Pas tout-à-fait; elle m'a fait entendre
Tant seulement qu'elle a pour nous du tendre.
D'un ton si bon, si doux, si familier,
Elle m'a dit cent fois : Cher jardinier,
Cher ami Blaise, aide-moi donc à faire
Un beau bouquet de fleurs, qui puisse plaire
A monseigneur, à ce maître charmant;
Et puis d'un air si touché, si touchant,
Elle faisait ce bouquet; et sa vue
Etait troublée, elle était toute émue,
Toute rêveuse, avec un certain air,
Un air, là, qui... peste, l'on y voit clair.

LE COMTE.

Blaise, va-t'en... Quoi! j'aurais su lui plaire.

BLAISE.

Çà, n'allez pas traînasser notre affaire.

LE COMTE.

Hem!...

BLAISE.

  Vous verrez comme ce terrain-là

Entre mes mains bientôt profitera.
Répondez donc, pourquoi ne me rien dire?
LE COMTE.
Ah! mon cœur est trop plein. Je me retire...
Adieu, Madame.

SCÈNE III.

LA BARONNE, BLAISE.

LA BARONNE.
    Il l'aime comme un fou,
J'en suis certaine. Et comment donc? par où?
Par quels attraits, par quelle heureuse adresse,
A-t-elle pu me ravir sa tendresse?
Nanine! ô Ciel! quel choix! quelle fureur!
Nanine! non; j'en mourrai de douleur.
BLAISE, *revenant.*
Ah! vous parlez de Nanine.
LA BARONNE.
      Insolente!
BLAISE.
Est-il pas vrai que Nanine est charmante?
LA BARONNE.
Non.
BLAISE.
  Eh! si fait : parlez un peu pour nous;
Protégez Blaise.
LA BARONNE.
    Ah, quels horribles coups!

BLAISE.

J'ai des écus; Pierre Blaise mon père
M'a bien laissé trois bons journaux de terre;
Tout est pour elle, écus comptants, journaux,
Tout mon avoir, et tout ce que je vaux;
Mon corps, mon cœur, tout moi-même, tout Blaise.

LA BARONNE.

Autant que toi, crois que j'en serais aise;
Mon pauvre enfant, si je puis te servir,
Tous deux ce soir je voudrais vous unir;
Je lui paîrai sa dot.

BLAISE.

Digne baronne,
Que j'aimerai votre chère personne!
Que de plaisir! est-il possible!

LA BARONNE.

Hélas!
Je crains, ami, de ne réussir pas.

BLAISE.

Ah! par pitié, réussissez, Madame.

LA BARONNE.

Va! plût au Ciel qu'elle devînt ta femme!
Attends mon ordre.

BLAISE.

Eh! puis-je attendre!

LA BARONNE.

Va.

BLAISE.

Adieu. J'aurai, ma foi, cet enfant-là.

SCÈNE IV.

LA BARONNE, seule.

Vit-on jamais une telle aventure?
Peut-on sentir une plus vive injure?
Plus lâchement se voir sacrifier?
Le comte Olban, rival d'un jardinier!
  (*A un laquais.*)
Holà, quelqu'un! Qu'on appelle Nanine.
C'est mon malheur qu'il faut que j'examine.
Où pourrait-elle avoir pris l'art flatteur,
L'art de séduire et de garder un cœur,
L'art d'allumer un feu vif et qui dure?
Où? dans ses yeux, dans la simple nature.
Je crois pourtant que cet indigne amour
N'a point encore osé se mettre au jour.
J'ai vu qu'Olban se respecte avec elle;
Ah! c'est encore une douleur nouvelle!
J'espérerais, s'il se respectait moins.
D'un amour vrai le traître à tous les soins.
Ah! la voici : je me sens au supplice.
Que la nature est pleine d'injustice!
A qui va-t-elle accorder la beauté?
C'est un affront fait à la qualité.
Approchez-vous, venez, mademoiselle

SCÈNE V.

LA BARONNE, NANINE.

NANINE.

Madame.

LA BARONNE.

Mais est-elle donc si belle?
Ces grands yeux noirs ne disent rien du tout;
Mais s'ils ont dit, J'aime... ah! je suis à bout.
Possédons-nous. Venez.

NANINE.

Je viens me rendre
A mon devoir.

LA BARONNE.

Vous vous faites attendre
Un peu de temps; avancez-vous. Comment!
Comme elle est mise! et quel ajustement!
Il n'est pas fait pour une créature
De votre espèce.

NANINE.

Il est vrai. Je vous jure,
Par mon respect, qu'en secret j'ai rougi,
Plus d'une fois, d'être vêtue ainsi;
Mais c'est l'effet de vos bontés premières,
De ces bontés qui me sont toujours chères.
De tant de soins vous daigniez m'honorer!
Vous vous plaisiez vous-même à me parer.
Songez combien vous m'aviez protégée :
Sous cet habit je ne suis point changée.

ACTE I, SCÈNE V.

Voudriez-vous, Madame, humilier
Un cœur soumis, qui ne peut s'oublier?

LA BARONNE.

Approchez-moi ce fauteuil... Ah! j'enrage...
D'où venez-vous?

NANINE.

Je lisais.

LA BARONNE.

Quel ouvrage?

NANINE.

Un livre anglais, dont on m'a fait présent.

LA BARONNE.

Sur quel sujet?

NANINE.

Il est intéressant :
L'auteur prétend que les hommes sont frères,
Nés tous égaux; mais ce sont des chimères :
Je ne puis croire à cette égalité.

LA BARONNE.

Elle y croira. Quel fonds de vanité!
Que l'on m'apporte ici mon écritoire...

NANINE.

J'y vais.

LA BARONNE.

Restez. Que l'on me donne à boire.

NANINE.

Quoi?

LA BARONNE.

Rien. Prenez mon éventail... Sortez.
Allez chercher mes gants... Laissez... Restez.

Avancez-vous... Gardez-vous, je vous prie,
D'imaginer que vous soyez jolie.

NANINE.

Vous me l'avez si souvent répété,
Que si j'avais ce fonds de vanité,
Si l'amour-propre avait gâté mon ame,
Je vous devrais ma guérison, Madame.

LA BARONNE.

Où trouve-t-elle ainsi ce qu'elle dit?
Que je la hais! quoi! belle, et de l'esprit!
   (*Avec dépit.*)
Ecoutez-moi. J'eus bien de la tendresse
Pour votre enfance.

NANINE.

   Oui. Puisse ma jeunesse
Etre honorée encor de vos bontés!

LA BARONNE.

Eh bien, voyez si vous les méritez.
Je prétends, moi, ce jour, cette heure même,
Vous établir; jugez si je vous aime.

NANINE.

Moi?

LA BARONNE.

   Je vous donne une dot. Votre époux
Est fort bien fait, et très-digne de vous;
C'est un parti de tout point fort sortable;
C'est le seul même aujourd'hui convenable;
Et vous devez bien m'en remercier :
C'est, en un mot, Blaise le jardinier.

ACTE I, SCÈNE V.

NANINE.

Blaise, Madame?

LA BARONNE.

Oui. D'où vient ce sourire?
Hésitez-vous un moment d'y souscrire?
Mes offres sont un ordre, entendez-vous?
Obéissez, ou craignez mon courroux.

NANINE.

Mais...

LA BARONNE.

Apprenez qu'un *mais* est une offense.
Il vous sied bien d'avoir l'impertinence
De refuser un mari de ma main!
Ce cœur si simple est devenu bien vain :
Mais votre audace est trop prématurée;
Votre triomphe est de peu de durée.
Vous abusez du caprice d'un jour,
Et vous verrez quel en est le retour.
Petite ingrate, objet de ma colère,
Vous avez donc l'insolence de plaire?
Vous m'entendez; je vous ferai rentrer
Dans le néant dont j'ai su vous tirer.
Tu pleureras ton orgueil, ta folie.
Je te ferai renfermer, pour ta vie,
Dans un couvent.

NANINE.

J'embrasse vos genoux;
Renfermez-moi : mon sort sera trop doux.
Oui, des faveurs que vous vouliez me faire,
Cette rigueur est pour moi la plus chère.

Enfermez-moi dans un cloître à jamais ;
J'y bénirai mon maître et vos bienfaits.
J'y calmerai des alarmes mortelles,
Des maux plus grands, des craintes plus cruelles,
Des sentiments plus dangereux pour moi
Que ce courroux qui me glace d'effroi.
Madame, au nom de ce courroux extrême,
Délivrez-moi, s'il se peut, de moi-même ;
Dès cet instant, je suis prête à partir.

LA BARONNE.

Est-il possible ? et que viens-je d'ouïr ?
Est-il bien vrai ? me trompez-vous, Nanine ?

NANINE.

Non. Faites-moi cette faveur divine :
Mon cœur en a trop besoin.

LA BARONNE, *avec un emportement de tendresse.*

Lève-toi ;
Que je t'embrasse. O jour heureux pour moi !
Ma chère amie ! eh bien, je vais sur l'heure
Préparer tout pour ta belle demeure.
Ah ! quel plaisir que de vivre en couvent !

NANINE.

C'est pour le moins un abri consolant.

LA BARONNE.

Non ; c'est, ma fille, un séjour délectable.

NANINE.

Le croyez-vous ?

LA BARONNE.

Le monde est haïssable,
Jaloux...

ACTE I, SCÈNE V.

NANINE.

Oh! oui.

LA BARONNE.

Fou, méchant, vain, trompeur,
Changeant, ingrat; tout cela fait horreur.

NANINE.

Oui; j'entrevois qu'il me serait funeste,
Qu'il faut le fuir...

LA BARONNE.

La chose est manifeste;
Un bon couvent est un port assuré.
Monsieur le comte, ah! je vous préviendrai.

NANINE.

Que dites-vous de monseigneur?

LA BARONNE.

Je t'aime
A la fureur; et dès ce moment même,
Je voudrais bien te faire le plaisir
De t'enfermer pour ne jamais sortir.
Mais il est tard, hélas! il faut attendre
Le point du jour. Ecoute: il faut te rendre
Vers le minuit dans mon appartement.
Nous partirons d'ici secrètement
Pour ton couvent, à cinq heures sonnantes:
Sois prête au moins.

SCÈNE VI.

NANINE, *seule*.

Quelles douleurs cuisantes!
Quel embarras! quel tourment! quel dessein!
Quels sentiments combattent dans mon sein!
Hélas! je fuis le plus aimable maître!
En le fuyant, je l'offense peut-être :
Mais en restant, l'excès de ses bontés
M'attirerait trop de calamités,
Dans sa maison mettrait un trouble horrible.
Madame croit qu'il est pour moi sensible,
Que jusqu'à moi ce cœur peut s'abaisser :
Je le redoute, et n'ose le penser.
De quel courroux madame est animée!
Quoi! l'on me hait, et je crains d'être aimée!
Mais moi, mais moi! je me crains encor plus;
Mon cœur troublé de lui-même est confus.
Que devenir? De mon état tirée,
Pour mon malheur je suis trop éclairée.
C'est un danger, c'est peut-être un grand tort
D'avoir une ame au-dessus de son sort.
Il faut partir : j'en mourrai; mais n'importe.

SCÈNE VII.

LE COMTE, NANINE, UN LAQUAIS.

LE COMTE.

Holà! quelqu'un! qu'on reste à cette porte.
Des siéges, vite.

ACTE I, SCÈNE VII.

(*Il fait la révérence à Nanine, qui lui en fait une profonde.*)
Asseyons-nous ici.

NANINE.

Qui, moi, Monsieur?

LE COMTE.

Oui, je le veux ainsi;
Et je vous rends ce que votre conduite,
Votre beauté, votre vertu mérite.
Un diamant trouvé dans un désert
Est-il moins beau, moins précieux, moins cher?
Quoi! vos beaux yeux semblent mouillés de larmes!
Ah! je le vois : jalouse de vos charmes,
Notre baronne aura, par ses aigreurs,
Par son courroux, fait répandre vos pleurs.

NANINE.

Non, Monsieur, non; sa bonté respectable
Jamais pour moi ne fut si favorable;
Et j'avoûrai qu'ici tout m'attendrit.

LE COMTE.

Vous me charmez; je craignais son dépit.

NANINE.

Hélas! pourquoi?

LE COMTE.

Jeune et belle Nanine,
La jalousie en tous les cœurs domine :
L'homme est jaloux dès qu'il peut s'enflammer;
La femme l'est, même avant que d'aimer.
Un jeune objet, beau, doux, discret, sincère,
A tout son sexe est bien sûr de déplaire.
L'homme est plus juste; et d'un sexe jaloux

Nous vous vengeons autant qu'il est en nous.
Croyez surtout que je vous rends justice :
J'aime ce cœur qui n'a point d'artifice ;
J'admire encore à quel point vous avez
Développé vos talents cultivés.
De votre esprit la naïve justesse
Me rend surpris autant qu'il m'intéresse.

NANINE.

J'en ai bien peu : mais quoi ! je vous ai vu,
Et je vous ai tous les jours entendu :
Vous avez trop relevé ma naissance ;
Je vous dois trop : c'est par vous que je pense.

LE COMTE.

Ah! croyez-moi, l'esprit ne s'apprend pas.

NANINE.

Je pense trop pour un état si bas ;
Au dernier rang les destins m'ont comprise.

LE COMTE.

Dans le premier vos vertus vous ont mise.
Naïvement dites-moi quel effet
Ce livre anglais sur votre esprit a fait?

NANINE.

Il ne m'a point du tout persuadée :
Plus que jamais, Monsieur, j'ai dans l'idée
Qu'il est des cœurs si grands, si généreux,
Que tout le reste est bien vil auprès d'eux.

LE COMTE.

Vous en êtes la preuve... Ah çà, Nanine,
Permettez-moi qu'ici l'on vous destine
Un sort, un rang, moins indigne de vous.

ACTE I, SCÈNE VII.

NANINE.

Hélas! mon sort était trop haut, trop doux.

LE COMTE.

Non. Désormais soyez de la famille :
Ma mère arrive; elle vous voit en fille;
Et mon estime, et sa tendre amitié,
Doivent ici vous mettre sur un pied
Fort éloigné de cette indigne gêne
Où vous tenait une femme hautaine.

NANINE.

Elle n'a fait, hélas! que m'avertir
De mes devoirs... Qu'ils sont durs à remplir!

LE COMTE.

Quoi! quel devoir? Ah! le vôtre est de plaire;
Il est rempli : le nôtre ne l'est guère.
Il vous fallait plus d'aisance et d'éclat :
Vous n'êtes pas encor dans votre état.

NANINE.

J'en suis sortie, et c'est ce qui m'accable;
C'est un malheur peut-être irréparable.

(*Se levant.*)

Ah! Monseigneur! ah, mon maître! écartez
De mon esprit toutes ces vanités.
De vos bienfaits confuse, pénétrée,
Laissez-moi vivre à jamais ignorée.
Le Ciel me fit pour un état obscur;
L'humilité n'a pour moi rien de dur.
Ah! laissez-moi ma retraite profonde.
Et que ferais-je, et que verrais-je au monde,
Après avoir admiré vos vertus?

LE COMTE.

Non, c'en est trop, je n'y résiste plus.
Qui? vous obscure! vous!

NANINE.

Quoi que je fasse,
Puis-je de vous obtenir une grâce?

LE COMTE.

Qu'ordonnez-vous? parlez.

NANINE.

Depuis un temps
Votre bonté me comble de présents.

LE COMTE.

Eh bien! pardon. J'en agis comme un père,
Un père tendre à qui sa fille est chère.
Je n'ai point l'art d'embellir un présent;
Et je suis juste, et ne suis point galant.
De la fortune il faut venger l'injure :
Elle vous traita mal; mais la nature,
En récompense, à voulu vous doter
De tous ses biens : j'aurais dû l'imiter.

NANINE.

Vous en avez trop fait; mais je me flatte
Qu'il m'est permis, sans que je sois ingrate,
De disposer de ces dons précieux
Que votre main rend si chers à mes yeux.

LE COMTE.

Vous m'outragez.

SCÈNE VIII.

LE COMTE, NANINE, GERMON.

GERMON.
Madame vous demande,
Madame attend.
LE COMTE.
Eh! que madame attende.
Quoi! l'on ne peut un moment vous parler,
Sans qu'aussitôt on vienne nous troubler?
NANINE.
Avec douleur, sans doute, je vous laisse;
Mais vous savez qu'elle fut ma maîtresse.
LE COMTE.
Non, non, jamais je ne veux le savoir.
NANINE.
Elle conserve un reste de pouvoir.
LE COMTE.
Elle n'en garde aucun, je vous assure.
Vous gémissez... Quoi! votre cœur murmure!
Qu'avez-vous donc?
NANINE.
Je vous quitte à regret;
Mais il le faut... O Ciel! c'en est donc fait!
(*Elle sort.*)

SCÈNE IX.

LE COMTE, GERMON.

LE COMTE, *seul*.
Elle pleurait. D'une femme orgueilleuse
Depuis long-temps l'aigreur capricieuse
La fait gémir sous trop de dureté :
Et de quel droit ? par quelle autorité ?
Sur ces abus ma raison se récrie.
Ce monde-ci n'est qu'une loterie
De biens, de rangs, de dignités, de droits,
Brigués sans titre, et répandus sans choix.
Hé...

GERMON.
Monseigneur.

LE COMTE.
Demain sur sa toilette
Vous porterez cette somme complète
De trois cents louis d'or; n'y manquez pas;
Puis vous irez chercher ces gens là-bas;
Ils attendront.

GERMON.
Madame la baronne
Aura l'argent que Monseigneur me donne
Sur sa toilette.

LE COMTE.
Eh! l'esprit lourd! eh, non!
C'est pour Nanine, entendez-vous ?

ACTE I, SCÈNE IX.

GERMON.

Pardon.

LE COMTE.

Allez, allez, laissez-moi.

(*Germon sort.*)

Ma tendresse
Assurément n'est point une faiblesse.
Je l'idolâtre, il est vrai; mais mon cœur
Dans ses yeux seuls n'a point pris son ardeur.
Son caractère est fait pour plaire au sage;
Et sa belle ame a mon premier hommage :
Mais son état?... Elle est trop au-dessus;
Fût-il plus bas, je l'en aimerais plus.
Mais puis-je enfin l'épouser? Oui, sans doute.
Pour être heureux qu'est-ce donc qu'il en coûte?
D'un monde vain dois-je craindre l'écueil,
Et de mon goût me priver par orgueil?
Mais la coutume... Eh bien! elle est cruelle;
Et la nature eut ses droits avant elle.
Eh quoi! rival de Blaise! pourquoi non?
Blaise est un homme; il l'aime, il a raison.
Elle fera, dans une paix profonde,
Le bien d'un seul et les desirs du monde.
Elle doit plaire aux jardiniers, aux rois;
Et mon bonheur justifira mon choix.

FIN DU PREMIER ACTE.

ACTE SECOND.

SCÈNE I.

LE COMTE D'OLBAN, MARIN.

LE COMTE, *seul.*

Ah! cette nuit est une année entière.
Que le sommeil est loin de ma paupière!
Tout dort ici; Nanine dort en paix;
Un doux repos rafraîchit ses attraits :
Et moi je vais, je cours, je veux écrire,
Je n'écris rien; vainement je veux lire,
Mon œil troublé voit les mots sans les voir,
Et mon esprit ne les peut concevoir.
Dans chaque mot le seul nom de Nanine
Est imprimé par une main divine.
Holà! quelqu'un! qu'on vienne. Quoi! mes gens
Sont-ils pas las de dormir si long-temps?
Germon! Marin!

MARIN, *derrière le théâtre.*

J'accours.

LE COMTE.

Quelle paresse!
Eh! venez vîte; il fait jour; le temps presse :
Arrivez donc.

NANINE.

MARIN.

Eh! Monsieur, quel lutin
Vous a sans nous éveillé si matin?

LE COMTE.

L'amour.

MARIN.

Oh! oh! la baronne de l'Orme
Ne permet pas qu'en ce logis on dorme.
Qu'ordonnez-vous?

LE COMTE.

Je veux, mon cher Marin,
Je veux avoir, au plus tard pour demain,
Six chevaux neufs, un nouvel équipage,
Femme-de-chambre adroite, bonne et sage;
Valet-de-chambre avec deux grands laquais,
Point libertins, qui soient jeunes, bien faits;
Des diamants, des boucles des plus belles,
Des bijoux d'or, des étoffes nouvelles.
Pars dans l'instant, cours en poste à Paris;
Crève tous les chevaux.

MARIN.

Vous voilà pris:
J'entends, j'entends; madame la baronne
Est la maîtresse aujourd'hui qu'on nous donne:
Vous l'épousez?

LE COMTE.

Quel que soit mon projet,
Vole, et reviens.

MARIN.

Vous serez satisfait.

SCÈNE II.

LE COMTE, GERMON.

LE COMTE, *seul.*

Quoi! j'aurai donc cette douceur extrême
De rendre heureux, d'honorer ce que j'aime.
Notre baronne avec fureur crîra ;
Très-volontiers, et tant qu'elle voudra.
Les vains discours, le monde, la baronne,
Rien ne m'émeut, et je ne crains personne ;
Aux préjugés c'est trop être soumis :
Il faut les vaincre, ils sont nos ennemis ;
Et ceux qui font les esprits raisonnables,
Plus vertueux, sont les seuls respectables.
Eh! mais... quel bruit entend-je dans ma cour?
C'est un carrosse. Oui... mais... au point du jour
Qui peut venir?... C'est ma mère peut-être.
Germon...

GERMON, *arrivant.*

Monsieur.

LE COMTE.

Vois ce que ce peut-être.

GERMON.

C'est un carrosse.

LE COMTE.

Et qui? par quel hasard?

Qui vient ici?

GERMON.

L'on ne vient point; l'on part.

LE COMTE.

Comment! on part?

GERMON.

Madame la baronne
Sort tout-à-l'heure.

LE COMTE.

Oh! je le lui pardonne :
Que pour jamais puisse-t-elle sortir!

GERMON.

Avec Nanine elle est prête à partir.

LE COMTE.

Ciel! que dis-tu? Nanine?

GERMON.

La suivante
Le dit tout haut.

LE COMTE.

Quoi donc?

GERMON.

Votre parente
Part avec elle; elle va, ce matin,
Mettre Nanine à ce couvent voisin.

LE COMTE.

Courons, volons. Mais quoi! que vais-je faire?
Pour leur parler je suis trop en colère;
N'importe : allons. Quand je devrais... mais non :
On verrait trop toute ma passion.
Qu'on ferme tout; qu'on vole, qu'on l'arrête;
Répondez-moi d'elle sur votre tête :
Amenez-moi Nanine.

(*Germon sort.*)

Ah, juste Ciel!
On l'enlevait. Quel jour! quel coup mortel!
Qu'ai-je donc fait! pourquoi? par quel caprice?
Par quelle ingrate et cruelle injustice?
Qu'ai-je donc fait, hélas! que l'adorer,
Sans la contraindre et sans me déclarer,
Sans alarmer sa timide innocence?
Pourquoi me fuir? je m'y perds, plus j'y pense.

SCÈNE III.

LE COMTE, NANINE.

LE COMTE.

Belle Nanine, est-ce vous que je vois?
Quoi! vous voulez vous dérober à moi?
Ah! répondez, expliquez-vous de grâce.
Vous avez craint, sans doute, la menace
De la baronne; et ces purs sentiments,
Que vos vertus m'inspirent dès long-temps,
Plus que jamais l'auront sans doute aigrie.
Vous n'auriez point de vous-même eu l'envie
De nous quitter, d'arracher à ces lieux
Leur seul éclat que leur prêtaient vos yeux?
Hier au soir, de pleurs toute trempée,
De ce dessein étiez-vous occupée?
Répondez donc. Pourquoi me quittiez-vous?

NANINE.

Vous me voyez tremblante à vos genoux.

LE COMTE, *la relevant.*

Ah! parlez-moi. Je tremble plus encore.

ACTE II, SCÈNE III.

NANINE.

Madame...

LE COMTE.

Eh bien?

NANINE.

Madame, que j'honore,
Pour le couvent n'a point forcé mes vœux.

LE COMTE.

Ce serait vous? qu'entends-je? ah, malheureux!

NANINE.

Je vous l'avoue : oui, je l'ai conjurée
De mettre un frein à mon ame égarée...
Elle voulait, Monsieur, me marier.

LE COMTE.

Elle? à qui donc?

NANINE.

A votre jardinier.

LE COMTE.

Le digne choix!

NANINE.

Et moi, toute honteuse,
Plus qu'on ne croit peut-être malheureuse,
Moi qui repousse avec un vain effort
Des sentiments au-dessus de mon sort
Que vos bontés avaient trop élevée,
Pour m'en punir, j'en dois être privée.

LE COMTE.

Vous, vous punir? ah, Nanine! et de quoi?

NANINE.

D'avoir osé soulever contre moi

Votre parente, autrefois ma maîtresse.
Je lui déplais; mon seul aspect la blesse :
Elle a raison; et j'ai près d'elle, hélas!
Un tort bien grand... qui ne finira pas.
J'ai craint ce tort; il est peut-être extrême.
J'ai prétendu m'arracher à moi-même,
Et déchirer, dans les austérités,
Ce cœur trop haut, trop fier de vos bontés,
Venger sur lui sa faute involontaire.
Mais ma douleur, hélas! la plus amère,
En perdant tout, en courant m'éclipser,
En vous fuyant, fut de vous offenser.

LE COMTE, *se détournant et se promenant.*

Quels sentiments, et quelle ame ingénue!
En ma faveur est-elle prévenue?
A-t-elle craint de m'aimer? ô vertu!

NANINE.

Cent fois pardon, si je vous ai déplu :
Mais permettez qu'au fond d'une retraite
J'aille cacher ma douleur inquiète,
M'entretenir en secret à jamais
De mes devoirs, de vous, de vos bienfaits.

LE COMTE.

N'en parlons plus. Ecoutez : la baronne
Vous favorise, et noblement vous donne
Un domestique, un rustre pour époux;
Moi, j'en sais un moins indigne de vous.
Il est d'un rang fort au-dessus de Blaise,
Jeune, honnête homme; il est fort à son aise :
Je vous réponds qu'il a des sentiments :

ACTE II, SCÈNE III.

Son caractère est loin des mœurs du temps;
Et je me trompe, ou pour vous j'envisage
Un destin doux, un excellent ménage.
Un tel parti flatte-t-il votre cœur?
Vaut-il pas bien le couvent?

NANINE.

                Non, Monsieur...
Ce nouveau bien que vous daignez me faire,
Je l'avoûrai, ne peut me satisfaire.
Vous pénétrez mon cœur reconnaissant :
Daignez y lire, et voyez ce qu'il sent;
Voyez sur quoi ma retraite se fonde.
Un jardinier, un monarque du monde,
Qui pour époux s'offriraient à mes vœux,
Egalement me déplairaient tous deux.

LE COMTE.

Vous décidez mon sort. Eh bien, Nanine,
Connaissez donc celui qu'on vous destine.
Vous l'estimez; il est sous votre loi :
Il vous adore, et cet époux... c'est moi.
    (*A part.*)
L'étonnement, le trouble l'a saisie.
    (*A Nanine.*)
Ah! parlez-moi; disposez de ma vie;
Ah! reprenez vos sens trop agités.

NANINE.

Qu'ai-je entendu?

LE COMTE.

        Ce que vous méritez.

NANINE.

Quoi! vous m'aimez?... Ah! gardez-vous de croire
Que j'ose user d'une telle victoire.
Non, Monsieur, non, je ne souffrirai pas
Qu'ainsi pour moi vous descendiez si bas :
Un tel hymen est toujours trop funeste.
Le goût se passe, et le repentir reste.
J'ose à vos pieds attester vos aïeux...
Hélas! sur moi ne jetez point les yeux.
Vous avez pris pitié de mon jeune âge;
Formé par vous, ce cœur est votre ouvrage;
Il en serait indigne désormais,
S'il acceptait le plus grand des bienfaits.
Oui, je vous dois des refus. Oui, mon ame
Doit s'immoler.

LE COMTE.

Non, vous serez ma femme.
Quoi! tout-à-l'heure, ici vous m'assuriez,
Vous l'avez dit, que vous refuseriez
Tout autre époux, fût-ce un prince.

NANINE.

Oui, sans doute;
Et ce n'est pas ce refus qui me coûte.

LE COMTE.

Mais me haïssez-vous?

NANINE.

Aurais-je fui!
Craindrais-je tant, si vous étiez haï?

LE COMTE.

Ah! ce mot seul a fait ma destinée.

ACTE II, SCÈNE III.

NANINE.

Eh! que prétendez-vous?

LE COMTE.

Notre hyménée.

NANINE.

Songez...

LE COMTE.

Je songe à tout.

NANINE.

Mais prévoyez...

LE COMTE.

Tout est prévu.

NANINE.

Si vous m'aimez, croyez...

LE COMTE.

Je crois former le bonheur de ma vie.

NANINE.

Vous oubliez...

LE COMTE.

Il n'est rien que j'oublie.
Tout sera prêt, et tout est ordonné...

NANINE.

Quoi! malgré moi, votre amour obstiné...

LE COMTE.

Oui, malgré vous, ma flamme impatiente
Va tout presser pour cette heure charmante.
Un seul instant je quitte vos attraits,
Pour que mes yeux n'en soient privés jamais.
Adieu, Nanine, adieu, vous que j'adore!

SCÈNE IV.

NANINE, seule.

Ciel! est-ce un rêve? et puis-je croire encore
Que je parvienne au comble du bonheur?
Non, ce n'est pas l'excès d'un tel honneur,
Tout grand qu'il est, qui me plaît et me frappe :
A mes regards tant de grandeur échappe.
Mais épouser ce mortel généreux,
Lui, cet objet de mes timides vœux,
Lui, que j'avais tant craint d'aimer, que j'aime,
Lui, qui m'élève au-dessus de moi-même :
Je l'aime trop pour pouvoir l'avilir;
Je devrais... Non, je ne puis plus le fuir;
Non, mon état ne saurait se comprendre.
Moi, l'épouser! quel parti dois-je prendre!
Le Ciel pourra m'éclairer aujourd'hui;
Dans ma faiblesse il m'envoie un appui.
Peut-être même... Allons; il faut écrire,
Il faut... par où commencer, et que dire?
Quelle surprise! Ecrivons promptement,
Avant d'oser prendre un engagement.

(*Elle se met à écrire.*)

SCÈNE V.

NANINE, BLAISE.

BLAISE.

Ah! la voici. Madame la baronne,
En ma faveur vous a parlé, mignonne.
Ouais, elle écrit sans me voir seulement.

NANINE, *écrivant toujours.*

Blaise, bon jour.

BLAISE.

Bon jour est sec vraiment.

NANINE, *écrivant.*

A chaque mot mon embarras redouble;
Toute ma lettre est pleine de mon trouble.

BLAISE.

Le grand génie! elle écrit tout courant;
Qu'elle a d'esprit! et que n'en ai-je autant!
Çà, je disais...

NANINE.

Eh bien?

BLAISE.

Elle m'impose
Par son maintien : devant elle je n'ose
M'expliquer... là... tout comme je voudrais :
Je suis venu cependant tout exprès.

NANINE.

Cher Blaise, il faut me rendre un grand service.

BLAISE.

Oh! deux plutôt.

NANINE.

NANINE.
Je te fais la justice
De me fier à ta discrétion,
A ton bon cœur.

BLAISE.
Oh! parlez sans façon :
Car, voyez-vous, Blaise est prêt à tout faire
Pour vous servir; vite, point de mystère.

NANINE.
Tu vas souvent au village prochain,
A Rémival, à droite du chemin?

BLAISE.
Oui.

NANINE.
Pourrais-tu trouver dans ce village
Philippe Hombert?

BLAISE.
Non. Quel est ce visage?
Philippe Hombert? je ne connais pas ça.

NANINE.
Hier au soir je crois qu'il arriva;
Informe-t'en. Tâche de lui remettre,
Mais sans délai, cet argent, cette lettre.

BLAISE.
Oh! de l'argent!

NANINE.
Donne aussi ce paquet;
Monte à cheval pour avoir plus tôt fait :
Pars, et sois sûr de ma reconnaissance.

ACTE II, SCÈNE V.

BLAISE.

J'irais pour vous au fin fond de la France.
Philippe Hombert est un heureux manant;
La bourse est pleine : ah! que d'argent comptant!
Est-ce une dette?

NANINE.

Elle est très-avérée.
Il n'en est point, Blaise, de plus sacrée;
Ecoute : Hombert est peut-être inconnu;
Peut-être même il n'est pas revenu.
Mon cher ami, tu me rendras ma lettre,
Si tu ne peux en ses mains la remettre.

BLAISE.

Mon cher ami!

NANINE.

Je me fie à ta foi.

BLAISE.

Son cher ami!

NANINE.

Va, j'attends tout de toi.

SCÈNE VI.

LA BARONNE, BLAISE.

BLAISE.

D'où diable vient cet argent? quel message!
Il nous aurait aidé dans le ménage!
Allons, elle a pour nous de l'amitié;

Et ça vaut mieux que de l'argent, morgué :
Courons, courons.

(*Il met l'argent et le paquet dans sa poche; il rencontre la baronne, et la heurte.*)

LA BARONNE.

Eh, le butor!... arrête.
L'étourdi m'a pensé casser la tête.

BLAISE.

Pardon, Madame.

LA BARONNE.

Où vas-tu? que tiens-tu?
Que fait Nanine? As-tu rien entendu?
Monsieur le comte est-il bien en colère?
Quel billet est-ce là?

BLAISE.

C'est un mystère.

Peste!...

LA BARONNE.

Voyons.

BLAISE.

Nanine gronderait.

LA BARONNE.

Comment dis-tu? Nanine! elle pourrait
Avoir écrit, te charger d'un message!
Donne, ou je romps soudain ton mariage :
Donne, te dis-je.

BLAISE, *riant*.

Ho, ho.

LA BARONNE.

De quoi ris-tu?

BLAISE, *riant encore.*

Ha, ha.

LA BARONNE.

J'en veux savoir le contenu.

(*Elle décachète la lettre.*)

Il m'intéresse, ou je suis bien trompée.

BLAISE, *riant encore.*

Ha, ha, ha, ha, qu'elle est bien attrapée !
Elle n'a là qu'un chiffon de papier ;
Moi, j'ai l'argent, et je m'en vais payer
Philippe Hombert : faut servir sa maîtresse.
Courons.

SCÈNE VII.

LA BARONNE, *seule.*

Lisons. « Ma joie et ma tendresse
« Sont sans mesure, ainsi que mon bonheur :
« Vous arrivez ; quel moment pour mon cœur !
« Quoi ! je ne puis vous voir et vous entendre !
« Entre vos bras je ne puis me jeter !
« Je vous conjure au moins de vouloir prendre
« Ces deux paquets ; daignez les accepter.
« Sachez qu'on m'offre un sort digne d'envie,
« Et dont il est permis de s'éblouir ;
« Mais il n'est rien que je ne sacrifie
« Au seul mortel que mon cœur doit chérir. »
Ouais. Voilà donc le style de Nanine !
Comme elle écrit, l'innocente orpheline !
Comme elle fait parler la passion !
En vérité ce billet est bien bon.

Tout est parfait; je ne me sens pas d'aise.
Ah, ah, rusée, ainsi vous trompiez Blaise!
Vous m'enleviez en secret mon amant.
Vous avez feint d'aller dans un couvent;
Et tout l'argent que le comte vous donne,
C'est pour Philippe Hombert? Fort bien, friponne;
J'en suis charmée; et le perfide amour
Du comte Olban, méritait bien ce tour.
Je m'en doutais que le cœur de Nanine
Etait plus bas que sa basse origine.

SCÈNE VIII.

LE COMTE, LA BARONNE.

LA BARONNE.

Venez, venez, homme à grands sentiments,
Homme au-dessus des préjugés du temps,
Sage amoureux, philosophe sensible,
Vous allez voir un trait assez risible.
Vous connaissez sans doute à Rémival
Monsieur Philippe Hombert, votre rival?
LE COMTE.
Ah! quels discours vous me tenez!
LA BARONNE.
Peut-être
Ce billet-là vous le fera connaître.
Je crois qu'Hombert est un fort beau garçon.
LE COMTE.
Tous vos efforts ne sont plus de saison :

ACTE II, SCÈNE VIII.

Mon parti pris, je suis inébranlable.
Contentez-vous du tour abominable
Que vous vouliez me jouer ce matin.

LA BARONNE.

Ce nouveau tour est un peu plus malin.
Tenez, lisez. Ceci pourra vous plaire;
Vous connaîtrez les mœurs, le caractère
Du digne objet qui vous a subjugué.

(*Tandis que le comte lit.*)

Tout en lisant, il me semble intrigué.
Il a pâli; l'affaire émeut sa bile...
Eh bien, Monsieur, que pensez-vous du style?
Il ne voit rien, ne dit rien, n'entend rien :
Oh! le pauvre homme! il le méritait bien.

LE COMTE.

Ai-je bien lu? Je demeure stupide.
O tour affreux, sexe ingrat, cœur perfide!

LA BARONNE.

Je le connais, il est né violent;
Il est prompt, ferme; il va dans un moment
Prendre un parti.

SCÈNE IX.

LE COMTE, LA BARONNE, GERMON.

GERMON.

Voici dans l'avenue
Madame Olban.

LA BARONNE.

La vieille est revenue?

GERMON.

Madame votre mère, entendez-vous?
Est près d'ici, Monsieur.

LA BARONNE.

Dans son courroux,
Il est devenu sourd. La lettre opère.

GERMON, *criant*.

Monsieur.

LE COMTE.

Plaît-il?

GERMON, *haut*.

Madame votre mère,
Monsieur.

LE COMTE.

Que fait Nanine en ce moment?

GERMON.

Mais... elle écrit dans son appartement.

LE COMTE, *d'un air froid et sec*.

Allez saisir ses papiers, allez prendre
Ce qu'elle écrit; vous viendrez me le rendre :
Qu'on la renvoie à l'instant.

GERMON.

Qui, Monsieur?

LE COMTE.

Nanine.

GERMON.

Non, je n'aurais pas ce cœur :
Si vous saviez à quel point sa personne
Nous charme tous; comme elle est noble, bonne!

LE COMTE.
Obéissez, où je vous chasse.
GERMON.
Allons.
(*Il sort.*)

SCÈNE X.

LE COMTE, LA BARONNE.

LA BARONNE.
Ah! je respire, enfin nous l'emportons;
Vous devenez un homme raisonnable.
Ah çà, voyez s'il n'est pas véritable
Qu'on tient toujours de son premier état,
Et que les gens, dans un certain éclat,
Ont un cœur noble, ainsi que leur personne?
Le sang fait tout, et la naissance donne
Des sentiments à Nanine inconnus.
LE COMTE.
Je n'en crois rien; mais soit, n'en parlons plus :
Réparons tout. Le plus sage, en sa vie,
A quelquefois ses accès de folie :
Chacun s'égare; et le moins imprudent
Est celui-là qui plutôt se repent.
LA BARONNE.
Oui.
LE COMTE.
Pour jamais cessez de parler d'elle.

LA BARONNE.

Très-volontiers.

LE COMTE.

Ce sujet de querelle
Doit s'oublier.

LA BARONNE.

Mais, vous, de vos serments
Souvenez-vous.

LE COMTE.

Fort bien. Je vous entends;
Je les tiendrai.

LA BARONNE.

Ce n'est qu'un prompt hommage
Qui peut ici réparer mon outrage.
Indignement notre hymen différé
Est un affront.

LE COMTE.

Il sera réparé.
Madame, il faut...

LA BARONNE.

Il ne faut qu'un notaire.

LE COMTE.

Vous savez bien... que j'attendais ma mère.

LA BARONNE.

Elle est ici.

SCÈNE XI.

LA MARQUISE, LE COMTE, LA BARONNE.

LE COMTE, *à sa mère.*
Madame, j'aurais dû...
(*A part.*)   (*A sa mère.*)
Philippe Hombert!... Vous m'avez prévenu;
Et mon respect, mon zèle, ma tendresse...
(*A part.*)
Avec cet air innocent, la traîtresse!

LA MARQUISE.
Mais vous extravaguez, mon très-cher fils.
On m'avait dit, en passant par Paris,
Que vous aviez la tête un peu frappée;
Je m'aperçois qu'on ne m'a pas trompée :
Mais ce mal-là...

LE COMTE.
Ciel, que je suis confus!

LA MARQUISE.
Prend-il souvent?

LE COMTE.
Il ne me prendra plus.

LA MARQUISE.
Çà, je voudrais ici vous parler seule.
(*Faisant une petite révérence à la baronne.*)
Bonjour, Madame.

LA BARONNE, *à part.*
Hom! la vieille bégueule!

Madame, il faut vous laisser le plaisir
D'entretenir monsieur tout à loisir.
Je me retire.
(*Elle sort.*)

SCÈNE XII.

LA MARQUISE, LE COMTE.

LA MARQUISE, *parlant fort vite, et d'un ton de petite vieille babillarde.*

Eh bien, monsieur le comte,
Vous faites donc à la fin votre compte
De me donner la baronne pour bru;
C'est sur cela que j'ai vite accouru.
Votre baronne est une acariâtre,
Impertinente, altière, opiniâtre,
Qui n'eut jamais pour moi le moindre égard;
Qui l'an passé, chez la marquise Agard,
En plein souper me traita de bavarde :
D'y plus souper désormais Dieu me garde!
Bavarde, moi! Je sais d'ailleurs très-bien
Qu'elle n'a pas, entre nous, tant de bien :
C'est un grand point; il faut qu'on s'en informe :
Car on m'a dit que son château de l'Orme
A son mari n'appartient qu'à moitié;
Qu'un vieux procès, qui n'est pas oublié,
Lui disputait la moitié de la terre :
J'ai su cela de feu votre grand-père;
Il disait vrai : c'était un homme, lui;
On n'en voit plus de sa trempe aujourd'hui.

ACTE II, SCÈNE XII.

Paris est plein de ces petits bouts-d'homme,
Vains, fiers, fous, sots, dont le caquet m'assomme,
Parlant de tout avec l'air empressé,
Et se moquant toujours du temps passé.
J'entends parler de nouvelle cuisine,
De nouveaux goûts; on crève, on se ruine :
Les femmes sont sans frein, et les maris
Sont des benêts. Tout va de pis en pis.
LE COMTE, *relisant le billet.*
Qui l'aurait cru? Ce trait me désespère.
Eh bien, Germon?

SCÈNE XIII.

LA MARQUISE, LE COMTE, GERMON.

GERMON.
Voici votre notaire.
LE COMTE.
Oh! qu'il attende.
GERMON.
Et voici le papier
Qu'elle devait, Monsieur, vous envoyer.
LE COMTE, *lisant.*
Donne... Fort bien. Elle m'aime, dit-elle,
Et, par respect, me refuse!... Infidèle!
Tu ne dis pas la raison du refus!
LA MARQUISE.
Ma foi, mon fils a le cerveau perclus :
C'est sa baronne; et l'amour le domine.

LE COMTE, *à Germon.*

M'a-t-on bientôt délivré de Nanine ?

GERMON.

Hélas ! Monsieur, elle a déjà repris
Modestement ses champêtres habits,
Sans dire un mot de plainte et de murmure.

LE COMTE.

Je le crois bien.

GERMON.

    Elle a pris cette injure
Tranquillement, lorsque nous pleurons tous.

LE COMTE.

Tranquillement ?

LA MARQUISE.

    Hem ! de qui parlez-vous ?

GERMON.

Nanine ! hélas ! Madame, que l'on chasse :
Tout le château pleure de sa disgrace.

LA MARQUISE.

Vous la chassez ? je n'entends point cela.
Quoi ! ma Nanine ? Allons, rappelez-la.
Qu'a-t-elle fait, ma charmante orpheline ?
C'est moi, mon fils, qui vous donnai Nanine.
Je me souviens qu'à l'âge de dix ans
Elle enchantait tout le monde céans.
Notre baronne ici la prit pour elle ;
Et je prédis dès-lors que cette belle
Serait fort mal ; et j'ai très-bien prédit :
Mais j'eus toujours chez vous peu de crédit.

Vous prétendez tout faire à votre tête :
Chasser Nanine est un trait malhonnête.
LE COMTE.
Quoi! seule, à pied, sans secours, sans argent?
GERMON.
Ah! j'oubliais de dire qu'à l'instant
Un vieux bon-homme à vos gens se présente :
Il dit que c'est une affaire importante,
Qu'il ne saurait communiquer qu'à vous ;
Il veut, dit-il, se mettre à vos genoux.
LE COMTE.
Dans le chagrin où mon cœur s'abandonne,
Suis-je en état de parler à personne?
LA MARQUISE.
Ah! vous avez du chagrin, je le croi ;
Vous m'en donnez aussi beaucoup à moi.
Chasser Nanine, et faire un mariage
Qui me déplaît! non, vous n'êtes pas sage.
Allez ; trois mois ne seront pas passés,
Que vous serez l'un de l'autre lassés.
Je vous prédis la pareille aventure
Qu'à mon cousin le marquis de Marmure.
Sa femme était aigre comme verjus ;
Mais, entre nous, la vôtre l'est bien plus.
En s'épousant, ils crurent qu'ils s'aimèrent :
Deux mois après, tous deux se séparèrent ;
Madame alla vivre avec un galant,
Fat, petit-maître, escroc, extravagant ;
Et monsieur prit une franche coquette,
Une intrigante et friponne parfaite.

Des soupers fins, la petite maison,
Chevaux, habits, maître-d'hôtel fripon,
Bijoux nouveaux pris à crédit, notaires,
Contrats vendus, et dettes usuraires :
Enfin monsieur et madame, en deux ans,
A l'hôpital allèrent tout d'un temps.
Je me souviens encor d'une autre histoire,
Bien plus tragique, et difficile à croire;
C'était...

LE COMTE.

Ma mère, il faut aller dîner.
Venez... O Ciel! ai-je pu soupçonner
Pareille horreur!

LA MARQUISE.

Elle est épouvantable :
Allons, je vais la raconter à table;
Et vous pourrez tirer un grand profit,
En temps et lieu, de tout ce que j'ai dit.

FIN DU SECOND ACTE.

ACTE TROISIÈME.

SCÈNE I.

NANINE, *vêtue en paysanne*, GERMON.

GERMON.
Nous pleurons tous en vous voyant sortir.
NANINE.
J'ai tardé trop ; il est temps de partir.
GERMON.
Quoi ! pour jamais, et dans cet équipage ?
NANINE.
L'obscurité fut mon premier partage.
GERMON.
Quel changement ! Quoi ! du matin au soir...
Souffrir n'est rien ; c'est tout que de déchoir.
NANINE.
Il est des maux mille fois plus sensibles.
GERMON.
J'admire encor des regrets si paisibles :
Certes, mon maître est bien mal avisé ;
Notre baronne a sans doute abusé
De son pouvoir, et vous fait cet outrage :
Jamais monsieur n'aurait eu ce courage.
NANINE.
Je lui dois tout : il me chasse aujourd'hui ;

Obéissons. Ses bienfaits sont à lui;
Il peut user du droit de les reprendre.

GERMON.

A ce trait-là qui diable eût pu s'attendre?
En cet état qu'allez-vous devenir?

NANINE.

Me retirer, long-temps me repentir.

GERMON.

Que nous allons haïr notre baronne!

NANINE.

Mes maux sont grands; mais je les lui pardonne.

GERMON.

Mais que dirai-je au moins de votre part
A notre maître, après votre départ?

NANINE.

Vous lui direz que je le remercie
Qu'il m'ait rendue à ma première vie;
Et qu'à jamais, sensible à ses bontés,
Je n'oublîrai... rien... que ses cruautés.

GERMON.

Vous me fendez le cœur, et tout-à-l'heure
Je quitterais pour vous cette demeure;
J'irais partout avec vous m'établir :
Mais monsieur Blaise a su nous prévenir.
Qu'il est heureux! avec vous il va vivre :
Chacun voudrait l'imiter, et vous suivre.

NANINE.

On est bien loin de me suivre... Ah! Germon!
Je suis chassée... et par qui!...

GERMON.

        Le démon
A mis du sien dans cette brouillerie :
Nous vous perdons... et monsieur se marie.

NANINE.

Il se marie !... Ah ! partons de ce lieu ;
Il fut pour moi trop dangereux... Adieu...
         (*Elle sort.*)

GERMON.

Monsieur le comte a l'ame un peu bien dure :
Comment chasser pareille créature !
Elle paraît une fille de bien :
Mais il ne faut pourtant jurer de rien.

SCÈNE II.

LE COMTE, GERMON.

LE COMTE.

Eh bien ! Nanine est donc enfin partie ?

GERMON.

Oui, c'en est fait.

LE COMTE.

      J'en ai l'ame ravie.

GERMON.

Votre ame est donc de fer.

LE COMTE.

        Dans le chemin
Philippe Hombert lui donnait-il la main ?

GERMON.

Qui! quel Philippe Hombert? Hélas, Nanine,
Sans écuyer, fort tristement chemine,
Et de ma main ne veut pas seulement.

LE COMTE.

Où donc va-t-elle?

GERMON.

Où, mais apparemment
Chez ses amis.

LE COMTE.

A Rémival, sans doute.

GERMON.

Oui, je crois bien qu'elle prend cette route.

LE COMTE.

Va la conduire à ce couvent voisin,
Où la baronne allait dès ce matin :
Mon dessein est qu'on la mette sur l'heure
Dans cette utile et décente demeure;
Ces cent louis la feront recevoir.
Va... garde-toi de laisser entrevoir
Que c'est un don que je veux bien lui faire;
Dis-lui que c'est un présent de ma mère :
Je te défends de prononcer mon nom.

GERMON.

Fort bien; je vais vous obéir.

(Il fait quelques pas.)

LE COMTE.

Germon,
A son départ, tu dis que tu l'as vue?

GERMON.

Eh, oui, vous dis-je.

LE COMTE.

Elle était abattue?
Elle pleurait?

GERMON.

Elle faisait bien mieux;
Ses pleurs coulaient à peine de ses yeux :
Elle voulait ne pas pleurer.

LE COMTE.

A-t-elle
Dit quelque mot qui marque, qui décèle
Ses sentiments? as-tu remarqué...

GERMON.

Quoi?

LE COMTE.

A-t-elle enfin, Germon, parlé de moi?

GERMON.

Oh, oui, beaucoup.

LE COMTE.

Eh bien! dis-moi donc, traître,
Qu'a-t-elle dit?

GERMON.

Que vous êtes son maître;
Que vous avez des vertus, des bontés...
Qu'elle oublira tout... hors vos cruautés...

LE COMTE.

Va... mais surtout garde qu'elle revienne.

(*Germon sort.*)

Germon!

NANINE.

GERMON.

Monsieur.

LE COMTE.

Un mot; qu'il te souvienne,
Si par hasard, quand tu la conduiras,
Certain Hombert venait suivre ses pas,
De le chasser de la belle manière.

GERMON.

Oui, poliment, à grands coups d'étrivière :
Comptez sur moi; je sers fidèlement.
Le jeune Hombert, dites-vous?

LE COMTE.

Justement.

GERMON.

Bon! je n'ai pas l'honneur de le connaître;
Mais le premier que je verrai paraître
Sera rossé de la bonne façon;
Et puis après il me dira son nom.

(*Il fait un pas et revient.*)

Ce jeune Hombert est quelque amant, je gage,
Un beau garçon, le coq de son village.
Laissez-moi faire.

LE COMTE.

Obéis promptement.

GERMON.

Je me doutais qu'elle avait quelque amant;
Et Blaise aussi lui tient au cœur peut-être.
On aime mieux son égal que son maître.

LE COMTE.

Ah! cours, te dis-je.

SCÈNE III.

LE COMTE, *seul.*

Hélas! il a raison,
Il prononçait ma condamnation;
Et moi, du coup qui m'a pénétré l'ame
Je me punis : la baronne est ma femme.
Il le faut bien, le sort en est jeté.
Je souffrirai, je l'ai bien mérité.
Ce mariage est au moins convenable.
Notre baronne a l'humeur peu traitable;
Mais, quand on veut, on sait donner la loi.
Un esprit ferme est le maître chez soi.

SCÈNE IV.

LE COMTE, LA BARONNE, LA MARQUISE.

LA MARQUISE.
Or çà, mon fils, vous épousez madame?

LE COMTE.
Eh! oui.

LA MARQUISE.
Ce soir elle est donc votre femme?
Elle est ma bru?

LA BARONNE.
Si vous le trouvez bon :
J'aurai, je crois, votre approbation.

LA MARQUISE.
Allons, allons, il faut bien y souscrire;
Mais dès demain chez moi je me retire.

LE COMTE.

Vous retirer! eh! ma mère, pourquoi?
LA MARQUISE.

J'emmenerai ma Nanine avec moi.
Vous la chassez, et moi je la marie :
Je fais la noce en mon château de Brie;
Et je la donne au jeune sénéchal,
Propre neveu du procureur fiscal,
Jean Roc Souci : c'est lui de qui le père
Eut à Corbeil cette plaisante affaire.
De cet enfant je ne puis me passer;
C'est un bijou que je veux enchâsser.
Je vais la marier... Adieu.

LE COMTE.

Ma mère,
Ne soyez pas contre nous en colère;
Laissez Nanine aller dans le couvent;
Ne changez rien à notre arrangement.

LA BARONNE.

Oui, croyez-nous, Madame, une famille
Ne se doit point charger de telle fille.

LA MARQUISE.

Comment? quoi donc?

LA BARONNE.

Peu de chose.

LA MARQUISE.

Mais...

LA BARONNE.

Rien.

ACTE III, SCÈNE IV.

LA MARQUISE.

Rien, c'est beaucoup. J'entends, j'entends fort bien.
Aurait-elle eu quelque tendre folie?
Cela se peut, car elle est si jolie!
Je m'y connais : on tente, on est tenté ;
Le cœur a bien de la fragilité.
Les filles sont toujours un peu coquettes :
Le mal n'est pas si grand que vous le faites.
Çà, contez-moi, sans nul déguisement,
Tout ce qu'a fait notre charmante enfant.

LE COMTE.

Moi, vous conter?

LA MARQUISE.

Vous avez bien la mine
D'avoir au fond quelque goût pour Nanine,
Et vous pourriez...

SCÈNE V.

LE COMTE, LA MARQUISE, LA BARONNE, MARIN, *en bottes.*

MARIN.

Enfin, tout est baclé,
Tout est fini.

LA MARQUISE.

Quoi?

LA BARONNE.

Qu'est-ce?

MARIN.

J'ai parlé

A nos marchands; j'ai bien fait mon message;
Et vous aurez demain tout l'équipage.

LA BARONNE.

Quel équipage?

MARIN.

Oui, tout ce que pour vous
A commandé votre futur époux;
Six beaux chevaux; et vous serez contente
De la berline : elle est bonne, brillante;
Tous les panneaux par Martin sont vernis.
Les diamants sont beaux, très-bien choisis;
Et vous verrez des étoffes nouvelles
D'un goût charmant... Oh! rien n'approche d'elles.

LA BARONNE, *au comte.*

Vous avez donc commandé tout cela?

LE COMTE, *à part.*

Oui... Mais pour qui!

MARIN.

Le tout arrivera
Demain matin dans ce nouveau carrosse,
Et sera prêt le soir pour votre noce.
Vive Paris pour avoir sur-le-champ
Tout ce qu'on veut, quand on a de l'argent!
En revenant, j'ai revu le notaire,
Tout près d'ici, griffonnant votre affaire.

LA BARONNE.

Ce mariage a traîné bien long-temps.

LA MARQUISE, *à part.*

Ah! je voudrais qu'il traînât quarante ans.

ACTE III, SCÈNE V.

MARIN.

Dans ce salon j'ai trouvé tout-à-l'heure
Un bon vieillard, qui gémit et qui pleure :
Depuis long-temps il voudrait vous parler.

LA BARONNE.

Quel importun ! qu'on le fasse en aller :
Il prend trop mal son temps.

LA MARQUISE.

      Pourquoi, Madame ?
Mon fils, ayez un peu de bonté d'ame ;
Et croyez-moi, c'est un mal des plus grands
De rebuter ainsi les pauvres gens.
Je vous ai dit cent fois, dans votre enfance,
Qu'il faut pour eux avoir de l'indulgence,
Les écouter d'un air affable, doux.
Ne sont-ils pas hommes tout comme nous?
On ne sait pas à qui l'on fait injure ;
On se repent d'avoir eu l'ame dure.
Les orgueilleux ne prospèrent jamais.

(A Marin.)

Allez chercher ce bon homme.

MARIN.

      J'y vais.

(Il sort.)

LE COMTE.

Pardon, ma mère, il a fallu vous rendre
Mes premiers soins ; et je suis prêt d'entendre
Cet homme-là malgré mon embarras.

SCÈNE VI.

LE COMTE, LA MARQUISE, LA BARONNE, LE PAYSAN.

LA MARQUISE, *au paysan.*

Approchez-vous, parlez, ne tremblez pas.

LE PAYSAN.

Ah! Monseigneur! écoutez-moi de grâce :
Je suis... Je tombe à vos pieds, que j'embrasse;
Je viens vous rendre...

LE COMTE.

    Ami, relevez-vous:
Je ne veux point qu'on me parle à genoux;
D'un tel orgueil je suis trop incapable.
Vous avez l'air d'être un homme estimable.
Dans ma maison cherchez-vous de l'emploi?
A qui parlé-je?

LA MARQUISE.

    Allons, rassure-toi.

LE PAYSAN.

Je suis, hélas! le père de Nanine.

LE COMTE.

Vous?

LA BARONNE.

Ta fille est une grande coquine.

LE PAYSAN.

Ah! Monseigneur, voilà ce que j'ai craint;
Voilà le coup dont mon cœur est atteint :
J'ai bien pensé qu'une somme si forte
N'appartient pas à des gens de sa sorte :

ACTE III, SCÈNE VI.

Et les petits perdent bientôt leurs mœurs,
Et sont gâtés auprès des grands seigneurs.

LA BARONNE.

Il a raison : mais il trompe, et Nanine
N'est point sa fille; elle était orpheline.

LE PAYSAN.

Il est trop vrai : chez de pauvres parents
Je la laissai dès ses plus jeunes ans :
Ayant perdu mon bien avec sa mère,
J'allai servir, forcé par la misère,
Ne voulant pas, dans mon funeste état,
Qu'elle passât pour fille d'un soldat,
Lui défendant de me nommer son père.

LA MARQUISE.

Pourquoi cela? pour moi, je considère
Les bons soldats; on a grand besoin d'eux.

LE COMTE.

Qu'a ce métier, s'il vous plaît, de honteux?

LE PAYSAN.

Il est bien moins honoré qu'honorable.

LE COMTE.

Ce préjugé fut toujours condamnable.
J'estime plus un vertueux soldat,
Qui de son sang sert son prince et l'Etat,
Qu'un important, que sa lâche industrie
Engraisse en paix du sang de la patrie.

LA MARQUISE.

Çà, vous avez vu beaucoup de combats;
Contez-les moi bien tous, n'y manquez pas.

LE PAYSAN.

Dans la douleur, hélas! qui me déchire,
Permettez-moi seulement de vous dire
Qu'on me promit cent fois de m'avancer :
Mais, sans appui, comment peut-on percer?
Toujours jeté dans la foule commune,
Mais distingué, l'honneur fut ma fortune.

LA MARQUISE.

Vous êtes donc né de condition?

LA BARONNE.

Fi! quelle idée!

LE PAYSAN, *à la marquise.*

Hélas, Madame, non;
Mais je suis né d'une honnête famille :
Je méritais peut-être une autre fille.

LA MARQUISE.

Que vouliez-vous de mieux?

LE COMTE.

Eh! poursuivez.

LA MARQUISE.

Mieux que Nanine?

LE COMTE.

Ah! de grâce, achevez.

LE PAYSAN.

J'appris qu'ici ma fille fut nourrie,
Qu'elle y vivait bien traitée et chérie.
Heureux alors, et bénissant le Ciel,
Vous, vos bontés, votre soin paternel,
Je suis venu dans le prochain village,
Mais plein de trouble, et craignant son jeune âge,

Tremblant encor, lorsque j'ai tout perdu,
De retrouver le bien qui m'est rendu.

(*Montrant la baronne.*)

Je viens d'entendre au discours de madame
Que j'eus raison : elle m'a percé l'ame.
Je vois fort bien que ces cent louis d'or,
Des diamants, sont un trop grand trésor
Pour les tenir par un droit légitime :
Elle ne peut les avoir eus sans crime.
Ce seul soupçon me fait frémir d'horreur :
Et j'en mourrai de honte et de douleur.
Je suis venu soudain pour vous les rendre :
Ils sont à vous; vous devez les reprendre :
Et si ma fille est criminelle, hélas!
Punissez-moi, mais ne la perdez pas.

LA MARQUISE.

Ah! mon cher fils, je suis tout attendrie.

LA BARONNE.

Ouais, est-ce un songe? est-ce une fourberie?

LE COMTE.

Ah! qu'ai-je fait?

LE PAYSAN.

(*Il tire la bourse et le paquet.*)

Tenez, Monsieur, tenez.

LE COMTE.

Moi, les reprendre! ils ont été donnés;
Elle en a fait un respectable usage.
C'est donc à vous qu'on a fait le message?
Qui l'a porté?

LE PAYSAN.

C'est votre jardinier,
A qui Nanine osa se confier.

LE COMTE.

Quoi! c'est à vous que le présent s'adresse?

LE PAYSAN.

Oui, je l'avoue.

LE COMTE.

Ô douleur! ô tendresse!
Des deux côtés quel excès de vertu!
Et votre nom? Je demeure éperdu.

LA MARQUISE.

Eh! dites donc votre nom? Quel mystère?

LE PAYSAN.

Philippe Hombert de Gatine.

LE COMTE.

Ah! mon père!

LA BARONNE.

Que dit-il là?

LE COMTE.

Quel jour vient m'éclairer!
J'ai fait un crime; il le faut réparer.
Si vous saviez combien je suis coupable!
J'ai maltraité la vertu respectable.

(Il va lui-même à un de ses gens.)

Holà! courez.

LA BARONNE.

Eh, quel empressement!

LE COMTE.

Vite un carrosse.

ACTE III, SCÈNE VI.

LA MARQUISE.

    Oui, Madame, à l'instant :
Vous devriez être sa protectrice.
Quand on a fait une telle injustice,
Sachez de moi que l'on ne doit rougir
Que de ne pas assez se repentir.
Monsieur mon fils a souvent des lubies,
Que l'on prendrait pour de franches folies :
Mais dans le fond c'est un cœur généreux;
Il est né bon : j'en fais ce que je veux.
Vous n'êtes pas, ma bru, si bienfaisante :
Il s'en faut bien.

LA BARONNE.

    Que tout m'impatiente!
Qu'il a l'air sombre, embarrassé, rêveur!
Quel sentiment étrange est dans son cœur?
Voyez, Monsieur, ce que vous voulez faire.

LA MARQUISE.

Oui, pour Nanine.

LA BARONNE.

    On peut la satisfaire
Par des présents.

LA MARQUISE.

    C'est le moindre devoir.

LA BARONNE.

Mais moi, jamais je ne veux la revoir;
Que du château jamais elle n'approche :
Entendez-vous?

LE COMTE.

J'entends.

LA MARQUISE.

Quel cœur de roche!

LA BARONNE.

De mes soupçons évitez les éclats.
Vous hésitez?

LE COMTE, *après un silence.*

Non, je n'hésite pas.

LA BARONNE.

Je dois m'attendre à cette déférence;
Vous la devez à tous les deux, je pense.

LA MARQUISE.

Seriez-vous bien assez cruel, mon fils?

LA BARONNE.

Quel parti prendrez-vous?

LE COMTE.

Il est tout pris.
Vous connaissez mon ame et sa franchise :
Il faut parler. Ma main vous fut promise;
Mais nous n'avions voulu former ces nœuds
Que pour finir un procès dangereux :
Je le termine; et dès l'instant je donne,
Sans nul regret, sans détour j'abandonne
Mes droits entiers, et les prétentions
Dont il naquit tant de divisions.
Que l'intérêt encor vous en revienne;
Tout est à vous, jouissez-en sans peine.
Que la raison fasse du moins de nous
Deux bons parents, ne pouvant être époux.
Oublions tout, que rien ne nous aigrisse :
Pour n'aimer pas, faut-il qu'on se haïsse?

LA BARONNE.

Je m'attendais à ton manque de foi.
Va, je renonce à tes présents, à toi.
Traître, je vois avec qui tu vas vivre,
A quel mépris ta passion te livre.
Sers noblement sous les plus viles lois;
Je t'abandonne à ton indigne choix.

(Elle sort.)

SCÈNE VII.

LE COMTE, LA MARQUISE, PHILIPPE HOMBERT.

LE COMTE.

Non, il n'est point indigne; non, Madame,
Un fol amour n'aveugla point mon ame.
Cette vertu qu'il faut récompenser
Doit m'attendrir, et ne peut m'abaisser.
Dans ce vieillard ce qu'on nomme bassesse
Fait son mérite; et voilà sa noblesse.
La mienne, à moi, c'est d'en payer le prix.
C'est pour des cœurs par eux-même ennoblis,
Et distingués par ce grand caractère,
Qu'il faut passer sur la règle ordinaire;
Et leur naissance, avec tant de vertus,
Dans ma maison n'est qu'un titre de plus.

LA MARQUISE.

Quoi donc? quel titre? et que voulez-vous dire?

SCÈNE VIII.

LE COMTE, LA MARQUISE, NANINE, PHILIPPE HOMBERT.

LE COMTE, *à sa mère.*
Son seul aspect devrait vous en instruire.
LA MARQUISE.
Embrasse-moi cent fois, ma chère enfant.
Elle est vêtue un peu mesquinement :
Mais qu'elle est belle, et comme elle a l'air sage !
NANINE, *courant entre les bras de Philippe Hombert,
après s'être baissée devant la marquise.*
Ah ! la nature a mon premier hommage.
Mon père !
PHILIPPE HOMBERT.
O Ciel ! ô ma fille ! ah, Monsieur !
Vous réparez quarante ans de malheur.
LE COMTE.
Oui ; mais comment faut-il que je répare
L'indigne affront qu'un mérite si rare
Dans ma maison put de moi recevoir ?
Sous quel habit revient-elle nous voir !
Il est trop vil ; mais elle le décore.
Non, il n'est rien que sa vertu n'honore.
Eh bien ! parlez : auriez-vous la bonté
De pardonner à tant de dureté ?
NANINE.
Que me demandez-vous ? Ah ! je m'étonne
Que vous doutiez si mon cœur vous pardonne.

ACTE III, SCÈNE VIII.

Je n'ai pas cru que vous pussiez jamais
Avoir eu tort après tant de bienfaits.

LE COMTE.

Si vous avez oublié cet outrage,
Donnez-m'en donc le plus sûr témoignage :
Je ne veux plus commander qu'une fois ;
Mais jurez-moi d'obéir à mes lois.

PHILIPPE HOMBERT.

Elle le doit, et sa reconnaissance...

NANINE, *à son père.*

Il est bien sûr de mon obéissance.

LE COMTE.

J'ose y compter. Oui, je vous avertis
Que vos devoirs ne sont pas tous remplis.
Je vous ai vue aux genoux de ma mère,
Je vous ai vue embrasser votre père ;
Ce qui vous reste en des moments si doux...
C'est... à leurs yeux... d'embrasser... votre époux.

NANINE.

Moi !

LA MARQUISE.

Quelle idée ! Est-il bien vrai !

PHILIPPE HOMBERT.

Ma fille !

LE COMTE, *à sa mère.*

Le daignez-vous permettre ?

LA MARQUISE.

La famille
Etrangement, mon fils, clabaudera.

LE COMTE.

En la voyant, elle l'approuvera.

PHILIPPE HOMBERT.

Quel coup du sort! Non, je ne puis comprendre
Que jusque-là vous prétendiez descendre.

LE COMTE.

On m'a promis d'obéir... je le veux.

LA MARQUISE.

Mon fils...

LE COMTE.

Ma mère, il s'agit d'être heureux.
L'intérêt seul a fait cent mariages.
Nous avons vu les hommes les plus sages
Ne consulter que les mœurs et le bien :
Elle a les mœurs, il ne lui manque rien ;
Et je ferai par goût et par justice
Ce qu'on a fait cent fois par avarice.
Ma mère, enfin terminez ces combats ;
Et consentez.

NANINE.

Non, n'y consentez pas ;
Opposez-vous à sa flamme... à la mienne :
Voilà de vous ce qu'il faut que j'obtienne.
L'amour l'aveugle, il le faut éclairer.
Ah! loin de lui, laissez-moi l'adorer.
Voyez mon sort, voyez ce qu'est mon père :
Puis-je jamais vous appeler ma mère ?

LA MARQUISE.

Oui, tu le peux, tu le dois; c'en est fait :
Je ne tiens pas contre ce dernier trait ;

Il nous dit trop combien il faut qu'on t'aime;
Il est unique aussi-bien que toi-même.
NANINE.
J'obéis donc à votre ordre, à l'amour;
Mon cœur ne peut résister.
LA MARQUISE.
      Que ce jour
Soit des vertus la digne récompense,
Mais sans tirer jamais à conséquence.

FIN DE NANINE.

LA FEMME
QUI A RAISON,

COMÉDIE

Représentée, pour la première fois, en 1749.

AVERTISSEMENT.

La *Femme qui a raison* est un impromptu de société, qui fit partie d'une fête donnée au roi de Pologne, Stanislas, duc de Lorraine, en 1749. Quoique cette pièce, non plus que la suivante, n'ait point été représentée au théâtre de Paris, on y trouve des détails agréables, et des scènes bien écrites, où l'on reconnaît la touche spirituelle de l'Auteur.

PERSONNAGES.

M. DURU.

Madame DURU.

LE MARQUIS D'OUTREMONT.

DAMIS, fils de M. Duru.

ÉRISE, fille de M. Duru.

M. GRIPON, correspondant de M. Duru.

MARTHE, suivante de madame Duru.

La scène est chez madame Duru, dans la rue Thévenot, à Paris.

LA FEMME
QUI A RAISON,
COMÉDIE.

ACTE PREMIER.

SCÈNE I.

MADAME DURU, LE MARQUIS.

MADAME DURU.

Mais, mon très-cher marquis, comment, en conscience,
Puis-je accorder ma fille à votre impatience,
Sans l'aveu d'un époux ? Le cas est inouï.

LE MARQUIS.

Comment ? Avec trois mots, un bon contrat, un oui ;
Rien de plus agréable, et rien de plus facile.
A vos commandements votre fille est docile :
Vos bontés m'ont permis de lui faire ma cour ;
Elle a quelque indulgence, et moi beaucoup d'amour :
Pour votre intime ami dès long-temps je m'affiche ;
Je me crois honnête homme, et je suis assez riche.
Nous vivons fort gaîment, nous vivrons encor mieux ;
Et nos jours, croyez-moi, seront délicieux.

MADAME DURU.

D'accord, mais mon mari?

LE MARQUIS.

Votre mari m'assomme.
Quel besoin avons-nous du conseil d'un tel homme?

MADAME DURU.

Quoi! pendant son absence?...

LE MARQUIS.

Ah! les absents ont tort.
Absent depuis douze ans, c'est comme à-peu-près mort.
Si dans le fond de l'Inde il prétend être en vie,
C'est pour vous amasser, avec sa ladrerie,
Un bien que vous savez dépenser noblement :
Je consens qu'à ce prix il soit encor vivant;
Mais je le tiens pour mort, aussitôt qu'il s'avise
De vouloir disposer de la charmante Erise.
Celle qui la forma, doit en prendre le soin;
Et l'on n'arrange pas les filles de si loin.
Pardonnez...

MADAME DURU.

Je suis bonne; et vous devez connaître
Que pour monsieur Duru, mon seigneur et mon maître,
Je n'ai pas un amour aveugle et violent.
Je l'aime... comme il faut... pas trop fort... sensément;
Mais je lui dois respect et quelque obéissance.

LE MARQUIS.

Eh! mon Dieu! point du tout, vous vous moquez, je pense;
Qui, vous? vous, du respect pour un monsieur Duru?
Fort bien. Nous vous verrions, si nous l'en avions cru,
Dans un habit de serge, en un second étage,

Tenir sans domestique un fort plaisant ménage.
Vous êtes demoiselle; et quand l'adversité,
Malgré votre mérite et votre qualité,
Avec monsieur Duru vous fit en biens commune,
Alors qu'il commençait à bâtir sa fortune,
C'était à ce monsieur faire beaucoup d'honneur;
Et vous aviez, je crois, un peu trop de douceur
De souffrir qu'il joignît, avec rude manière,
A vos tendres appas sa personne grossière.
Voulez-vous pas encore aller sacrifier
Votre charmante Erise au fils d'un usurier,
De ce monsieur Gripon, son très-digne compère?
Monsieur Duru, je pense, a voulu cette affaire :
Il l'avait fort à cœur; et, par respect pour lui,
Vous devriez, ma foi, la conclure aujourd'hui.

MADAME DURU.

Ne plaisantez pas tant; il m'en écrit encore,
Et de son plein pouvoir dans sa lettre il m'honore.

LE MARQUIS.

Eh! de ce plein pouvoir que ne vous servez-vous
Pour faire un heureux choix d'un plus honnête époux?

MADAME DURU.

Hélas! à vos desirs je voudrais condescendre;
Ce serait mon bonheur de vous avoir pour gendre :
J'avais, dans cette idée, écrit plus d'une fois;
J'ai prié mon mari de laisser à mon choix
Cet établissement de deux enfants que j'aime.
Monsieur Gripon me cause une frayeur extrême;
Mais, tout Gripon qu'il est, il le faut ménager,
Ecrire encor dans l'Inde, examiner, songer.

LE MARQUIS.

Oui, voilà des raisons, des mesures commodes :
Envoyer publier des bans aux antipodes,
Pour avoir dans trois ans un refus clair et net!
De votre cher mari je ne suis pas le fait.
Du seul nom de marquis sa grosse ame étonnée
Croirait voir sa maison au pillage donnée.
Il aime fort l'argent; il connaît peu l'amour.
Au nom du cher objet qui de vous tient le jour,
De la vive amitié qui m'attache à sa mère,
De cet amour ardent qu'elle voit sans colère,
Daignez former Madame, un si tendre lien;
Ordonnez mon bonheur, j'ose dire le sien.
Qu'à jamais à vos pieds je passe ici ma vie.

MADAME DURU.

Oh çà, vous aimez donc ma fille à la folie?

LE MARQUIS.

Si je l'adore, ô Ciel! Pour combler mon bonheur,
Je compte à votre fils donner aussi ma sœur.
Vous aurez quatre enfants, qui d'une ame soumise,
D'un cœur toujours à vous...

SCÈNE II.

MADAME DURU, LE MARQUIS, ÉRISE.

LE MARQUIS.

                Ah! venez, belle Erise,
Fléchissez votre mère, et daignez la toucher :
Je ne la connais plus; c'est un cœur de rocher.

ACTE I, SCÈNE II.

MADAME DURU.

Quel rocher! Vous voyez un homme ici, ma fille,
Qui veut obstinément être de la famille :
Il est pressant; je crains que l'ardeur de ce feu,
Le rendant importun, ne vous déplaise un peu.

ÉRISE.

Oh! non, ne craignez rien; s'il n'a pu vous déplaire,
Croyez que contre lui je n'ai point de colère :
J'aime à vous obéir. Comment ne pas vouloir
Ce que vous commandez, ce qui fait mon devoir,
Ce qui de mon respect est la preuve si claire?

MADAME DURU.

Je ne commande point.

ÉRISE.

    Pardonnez-moi, ma mère;
Vous l'avez commandé, mon cœur en est témoin.

LE MARQUIS.

De me justifier elle-même prend soin.
Nous sommes deux ici contre vous. Ah! Madame,
Soyez sensible aux feux d'une si pure flamme;
Vous l'avez allumée, et vous ne voudrez point
Voir mourir sans s'unir ce que vous avez joint.

(*A Érise.*)

Parlez donc, aidez-moi. Qu'avez-vous à sourire?

ÉRISE.

Mais vous parlez si bien, que je n'ai rien à dire :
J'aurais peur d'être trop de votre sentiment;
Et j'en ai dit, me semble, assez honnêtement.

MADAME DURU.

Je vois, mes chers enfants, qu'il est fort nécessaire

De conclure au plus tôt cette importante affaire.
C'est pitié de vous voir ainsi sécher tous deux ;
Et mon bonheur dépend du succès de vos vœux.
Mais mon mari ?

LE MARQUIS.

Toujours son mari ! Sa faiblesse
De cet épouvantail s'inquiète sans cesse.

ÉRISE.

Il est mon père.

SCÈNE III.

MADAME DURU, LE MARQUIS, ÉRISE, DAMIS.

DAMIS.

Ah ! ah ! l'on parle donc ici
D'hyménée et d'amour ? Je veux m'y joindre aussi.
Votre bonté pour moi ne s'est point démentie ;
Ma mère me mettra, je crois, de la partie.
Monsieur a la bonté de m'accorder sa sœur ;
Je compte absolument jouir de cet honneur,
Non point par vanité, mais par tendresse pure :
Je l'aime éperdument ; et mon cœur vous conjure
De voir avec pitié ma vive passion.
Voyez-vous, je suis homme à perdre la raison ;
Enfin c'est un parti qu'on ne peut plus combattre.
Une noce, après tout, suffira pour nous quatre.
Il n'est pas trop commun de savoir en un jour
Rendre deux cœurs heureux par les mains de l'amour.
Mais faire quatre heureux par un seul coup de plume,
Par un seul mot, ma mère, et contre la coutume,

C'est un plaisir divin qui n'appartient qu'à vous,
Et vous serez, ma mère, heureuse autant que nous.
LE MARQUIS.
Je réponds de ma sœur, je réponds de moi-même;
Mais madame balance; et c'est en vain qu'on aime.
ÉRISE.
Ah! vous êtes si bonne! auriez-vous la rigueur
De maltraiter un fils si cher à votre cœur?
Son amour est si vrai, si pur, si raisonnable!
Vous l'aimez : voulez-vous le rendre misérable!
DAMIS.
Désespérerez-vous par tant de cruautés
Une fille toujours simple à vos volontés?
Elle aime tout de bon; et je me persuade
Que le moindre refus va la rendre malade.
ÉRISE.
Je connais bien mon frère, et j'ai lu dans son cœur :
Un refus le ferait expirer de douleur.
Pour moi, j'obéirai sans réplique à ma mère.
DAMIS.
Je parle pour ma sœur.
ÉRISE.
Je parle pour mon frère.
LE MARQUIS.
Moi, je parle pour tous.
MADAME DURU.
Ecoutez donc tous trois.
Vos amours sont charmants, et vos goûts sont mon choix
Je sens combien m'honore une telle alliance;
Mon cœur à vos plaisirs se livre par avance.

Nous serons tous contents, ou bien je ne pourrai :
J'ai donné ma parole, et je vous la tiendrai.

DAMIS, ÉRISE, LE MARQUIS, *ensemble.*

Ah!

MADAME DURU.

Mais...

LE MARQUIS.

Toujours des mais! Vous allez encor dire,
Mais mon mari!

MADAME DURU.

Sans doute.

ÉRISE.

Ah! quels coups!

DAMIS.

Quel martyre!

MADAME DURU.

Oh! laissez-moi parler. Vous savez, mes enfants,
Que quand on m'épousa j'avais près de quinze ans.
Je dois tout aux bons soins de votre honoré père :
Sa fortune déjà commençait à se faire ;
Il eut l'art d'amasser et de garder du bien,
En travaillant beaucoup, et ne dépensant rien.
Il me recommanda, quand il quitta la France,
De fuir toujours le monde, et surtout la dépense.
J'ai dépensé beaucoup à vous bien élever ;
Malgré moi le beau monde est venu me trouver.
Au fond d'un galetas il reléguait ma vie,
Et plus honnêtement je me suis établie.
Il voulait que son fils, en bonnet, en rabat,
Traînât dans le palais la robe d'avocat :

ACTE I, SCÈNE III.

Au régiment du roi je le fis capitaine.
Il prétend aujourd'hui, sous peine de sa haine,
Que de monsieur Gripon et la fille et le fils
Par un beau mariage avec nous soient unis.
Je l'empêcherai bien; j'y suis fort résolue.

DAMIS.

Et nous aussi.

MADAME DURU.

Je crains quelque déconvenue;
Je crains de mon mari le courroux véhément.

LE MARQUIS.

Ne craignez rien de loin.

MADAME DURU.

Son cher correspondant,
Maître Isaac Gripon, d'une ame fort rebourse,
Ferme, depuis un an, les cordons de sa bourse.

DAMIS.

Il vous en reste assez.

MADAME DURU.

Oui; mais j'ai consulté...

LE MARQUIS.

Hélas! consultez-nous.

MADAME DURU.

Sur la validité
D'une telle démarche; et l'on dit qu'à votre âge
On ne peut sûrement contracter mariage
Contre la volonté d'un propre père.

DAMIS.

Non,
Lorsque ce propre père, étant dans la maison,

Sur son droit de présence obstinément se fonde;
Mais quand ce propre père est dans un bout du monde,
On peut à l'autre bout se marier sans lui.

LE MARQUIS.

Oui, c'est ce qu'il faut faire, et quand? dès aujourd'hui.

SCÈNE IV.

MADAME DURU, LE MARQUIS, ÉRISE, DAMIS, MARTHE.

MARTHE.

Voilà monsieur Gripon qui veut forcer la porte :
Il vient pour un grand cas, dit-il, qui vous importe.
Ce sont ses propres mots. Faut-il qu'il entre?

MADAME DURU.

Hélas!
Il le faut bien souffrir. Voyons quel est ce cas.

SCÈNE V.

MADAME DURU, LE MARQUIS, ÉRISE, DAMIS, M. GRIPON,
MARTHE.

MADAME DURU.

Si tard, monsieur Gripon! quel sujet vous attire?

M. GRIPON.

Un bon sujet.

MADAME DURU.

Comment?

M. GRIPON.

Je m'en vais vous le dire.

ACTE I, SCÈNE V.

DAMIS.

Quelque présent de l'Inde?

M. GRIPON.

Oh! vraiment oui. Voici
L'ordre de votre père, et je le porte ici.
Ma fille est votre bru, mon fils est votre gendre :
Ils le seront du moins, et sans beaucoup attendre.
Lisez.

(*Il lui donne une lettre.*)

MADAME DURU.

L'ordre est très-net; que faire?

M. GRIPON.

A votre chef
Obéir sans réplique, et tout bacler en bref.
Il reviendra bientôt; et même, par avance,
Son commis vient régler des comptes d'importance.
J'ai peu de temps à perdre; ayez la charité
De dépêcher la chose avec célérité.

MADAME DURU.

La proposition, mes enfants, doit vous plaire.
Comment la trouvez-vous?

DAMIS, ÉRISE, *ensemble.*

Tout comme vous, ma mère.

LE MARQUIS, *à M. Gripon.*

De nos communs desirs il faut presser l'effet.
Ah! que de cet hymen mon cœur est satisfait!

M. GRIPON.

Que ça vous satisfasse, ou que ça vous déplaise,
Ça doit importer peu.

LE MARQUIS.

Je ne me sens pas d'aise.

M. GRIPON.

Pourquoi tant d'aise ?

LE MARQUIS.

Mais... j'ai cette affaire à cœur.

M. GRIPON.

Vous, à cœur mon affaire ?

LE MARQUIS.

Oui, je suis serviteur
De votre ami Duru, de toute la famille,
De madame sa femme, et surtout de sa fille.
Cet hymen est si cher, si précieux pour moi !...
Je suis le bon ami du logis.

M. GRIPON.

Par ma foi,
Ces amis du logis sont de mauvais augure.
Madame, sans amis hâtons-nous de conclure.

ÉRISE.

Quoi ! sitôt ?

MADAME DURU.

Sans donner le temps de consulter,
De voir ma bru, mon gendre, et sans les présenter ?
C'est pousser avec nous vivement votre pointe.

M. GRIPON.

Pour se bien marier, il faut que la conjointe
N'ait jamais entrevu son conjoint.

MADAME DURU.

Oui, d'accord ;
On s'en aime bien mieux : mais je voudrais d'abord,

ACTE I, SCÈNE V.

Moi, mère, et qui dois voir le parti qu'il faut prendre,
Embrasser votre fille, et voir un peu mon gendre.

M. GRIPON.

Vous les voyez en moi, corps pour corps, trait pour trait ;
Et ma fille Phlipotte est en tout mon portrait.

MADAME DURU.

Les aimables enfants !

DAMIS.

Oh ! Monsieur, je vous jure
Qu'on ne sentit jamais une flamme plus pure.

M. GRIPON.

Pour ma Phlipotte ?

DAMIS.

Hélas ! pour cet objet vainqueur
Qui règne sur mes sens, et m'a donné son cœur.

M. GRIPON.

On ne t'a rien donné : je ne puis te comprendre ;
Ma fille, ainsi que moi, n'a point l'ame si tendre.
(*A Érise.*)
Et vous, qui souriez, vous ne me dites rien ?

ÉRISE.

Je dis la même chose ; et je vous promets bien
De placer les devoirs, les plaisirs de ma vie
A plaire au tendre amant à qui mon cœur me lie.

M. GRIPON.

Il n'est point tendre amant ; vous répondez fort mal.

LE MARQUIS.

Je vous jure qu'il l'est.

M. GRIPON.

Oh ! quel original !

L'ami de la maison, mêlez-vous, je vous prie,
Un peu moins de la fête ; et des gens qu'on marie.
(*Le marquis lui fait de grandes révérences.*)
(*A madame Duru.*)
Or çà, j'ai réussi dans ma commission.
Je vois pour votre époux votre soumission ;
Il ne faut à présent qu'un peu de signature.
J'amènerai demain le futur, la future.
Vous aurez deux enfants souples, respectueux,
Grands ménagers ; enfin on sera content d'eux.
Il est vrai qu'ils n'ont pas les grands airs du beau monde.

MADAME DURU.

C'est une bagatelle ; et mon espoir se fonde
Sur les leçons d'un père, et sur leurs sentiments,
Qui valent cent fois mieux que ces dehors charmants.

DAMIS.

J'aime déjà leur grâce et simple et naturelle.

ÉRISE.

Leur bon sens, dont leur père est le parfait modèle.

LE MARQUIS.

Je leur crois bien du goût.

M. GRIPON.

     Ils n'ont rien de cela.
Que diable ici fait-on de ce beau monsieur-là ?
(*A madame Duru.*)
A demain donc, Madame : une noce frugale
Préparera sans bruit l'union conjugale.
Il est tard, et le soir jamais nous ne sortons.

DAMIS.

Eh ! que faites-vous donc vers le soir ?

ACTE I, SCÈNE V.

M. GRIPON.

Nous dormons.
On se lève avant jour; ainsi fait votre père :
Imitez-le dans tout, pour vivre heureux sur terre.
Soyez sobre, attentif à placer votre argent;
Ne donnez jamais rien, et prêtez rarement.
Demain, de grand matin, je reviendrai, Madame.

MADAME DURU.

Pas si matin.

LE MARQUIS.

Allez, vous nous ravissez l'ame.

M. GRIPON.

Cet homme me déplaît. Dès demain je prétends
Que l'ami du logis déniche de céans.
Adieu.

MARTHE, *l'arrêtant par le bras.*

Monsieur, un mot.

M. GRIPON.

Eh quoi?

MARTHE.

Sans vous déplaire,
Peut-on vous proposer une excellente affaire?

M. GRIPON.

Proposez.

MARTHE.

Vous donnez aux enfants du logis
Phlipotte votre fille, et Phlipot votre fils?

M. GRIPON.

Oui.

MARTHE.

L'on donne une dot en pareille aventure.

M. GRIPON.

Pas toujours.

MARTHE.

Vous pourriez, et je vous en conjure,
Partager par moitié vos généreux présents.

M. GRIPON.

Comment?

MARTHE.

Payez la dot, et gardez vos enfants.

M. GRIPON.

Madame, il nous faudra chasser cette donzelle;
Et l'ami du logis ne me plaît pas plus qu'elle.

(*Il s'en va, et tout le monde lui fait la révérence.*)

SCÈNE VI.

MADAME DURU, ÉRISE, DAMIS, LE MARQUIS, MARTHE.

MARTHE.

Eh bien! vous laissez-vous tous les quatre effrayer
Par le malheureux cas de ce maître usurier?

DAMIS.

Madame, vous voyez qu'il est indispensable
De prévenir soudain ce marché détestable.

LE MARQUIS.

Contre nos ennemis formons vite un traité
Qui mette pour jamais nos droits en sûreté.
Madame, on vous y force, et tout vous autorise;
Et c'est le sentiment de la charmante Érise.

ÉRISE.

Je me flatte toujours d'être de votre avis.

DAMIS.

Hélas! de vos bienfaits mon cœur s'est tout promis.
Il faut que le vilain qui tous nous inquiète,
En revenant demain, trouve la noce faite.

MADAME DURU.

Mais...

LE MARQUIS.

Les mais à présent deviennent superflus.
Résolvez-vous, Madame, ou nous sommes perdus.

MADAME DURU.

Le péril est pressant, et je suis bonne mère;
Mais... à qui pourrons-nous recourir?

MARTHE.

Au notaire,
A la noce, à l'hymen. Je prends sur moi le soin
D'amener à l'instant le notaire du coin,
D'ordonner le souper, de mander la musique :
S'il est quelque autre usage admis dans la pratique,
Je ne m'en mêle pas.

DAMIS.

Elle a grande raison,
Et je veux que demain maître Isaac Gripon
Trouve, en venant ici, peu de choses à faire.

ÉRISE.

J'admire vos conseils et celui de mon frère.

MADAME DURU.

C'est votre avis à tous?

DAMIS, ÉRISE, LE MARQUIS, *ensemble.*
Oui, ma mère.
MADAME DURU.
Fort bien.
Je puis vous assurer que c'est aussi le mien.

FIN DU PREMIER ACTE.

ACTE SECOND.

SCÈNE I.

M. GRIPON, DAMIS.

M. GRIPON.

Comment! dans ce logis est-on fou, mon garçon?
Quel tapage a-t-on fait la nuit dans la maison?
Quoi! deux tables encore impudemment dressées!
Des débris d'un festin, des chaises renversées,
Des laquais étendus ronflant sur le plancher,
Et quatre violons qui, ne pouvant marcher,
S'en vont en fredonnant à tâtons dans la rue!
N'es-tu pas tout honteux?

DAMIS.

Non; mon ame est émue
D'un sentiment si doux, d'un si charmant plaisir,
Que devant vous encor je n'en saurais rougir.

M. GRIPON.

D'un sentiment si doux! que diable veux-tu dire?

DAMIS.

Je dis que notre hymen à la famille inspire
Un délire de joie, un transport inouï.
A peine hier au soir sortîtes-vous d'ici,
Que, livrés par avance au lien qui nous presse,
Après un long souper, la joie et la tendresse,

Préparant à l'envi le lien conjugal,
Nous avons, cette nuit, ici donné le bal.

M. GRIPON.

Voilà trop de fracas avec trop de dépense.
Je n'aime point qu'on ait du plaisir par avance.
Cette vie à ton père à coup sûr déplaira.
Et que feras-tu donc quand on te marîra?

DAMIS.

Ah! si vous connaissiez cette ardeur vive et pure;
Ces traits, ces feux sacrés, l'ame de la nature,
Cette délicatesse et ces ravissements,
Qui ne sont bien connus que des heureux amants!
Si vous saviez...

M. GRIPON.

Je sais que je ne puis comprendre
Rien de ce que tu dis.

DAMIS.

Votre cœur n'est point tendre.
Vous ignorez les feux dont je suis consumé.
Mon cher monsieur Gripon, vous n'avez point aimé.

M. GRIPON.

Si fait, si fait.

DAMIS.

Comment? vous aussi, vous?

M. GRIPON.

Moi-même.

DAMIS.

Vous concevez donc bien l'emportement extrême,
Les douceurs...

ACTE II, SCÈNE I.

M. GRIPON.

Et oui, oui; j'ai fait, à ma façon,
L'amour, un jour ou deux, à madame Gripon :
Mais cela n'était pas comme ta belle flamme,
Ni tes discours de fou que tu tiens sur ta femme.

DAMIS.

Je le crois bien : enfin vous me le pardonnez?

M. GRIPON.

Oui-da, quand les contrats seront faits et signés.
Allons; avec ta mère il faut que je m'abouche :
Finissons tout.

DAMIS.

Ma mère en ce moment se couche.

M. GRIPON.

Quoi? ta mère...

DAMIS.

Approuvant le goût qui nous conduit,
Elle a, dans notre bal, dansé toute la nuit.

M. GRIPON.

Ta mère est folle.

DAMIS.

Non; elle est très-respectable,
Magnifique avec goût, douce, tendre, adorable.

M. GRIPON.

Ecoute; il faut ici te parler clairement.
Nous attendons ton père : il viendra promptement;
Et déjà son commis arrive en diligence,
Pour régler sa recette ainsi que la dépense.
Il sera très-fâché du train qu'on fait ici;
Et tu comprends fort bien que je le suis aussi.

C'est dans un autre esprit que Phlipotte est nourrie :
Elle a trente-sept ans, fille honnête, accomplie,
Qui, seule avec mon fils, compose ma maison ;
L'été sans éventail, et l'hiver sans manchon,
Blanchit, repasse, coud, compte comme Barême,
Et sait manquer de tout aussi-bien que moi-même.
Prends exemple sur elle, afin de vivre heureux.
Je reviendrai ce soir vous marier tous deux.
Tu parais bon enfant, et ma fille est bien née :
Mais, crois-moi, ta cervelle est un peu mal tournée :
Il faut que la maison soit sur un autre pied.
Dis-moi, ce grand flandrin qui m'a tant ennuyé,
Qui toujours de côté me fait la révérence,
Vient-il ici souvent ?

DAMIS.

Oh ! fort souvent.

M. GRIPON.

Je pense
Que, pour cause, il est bon qu'il ne revienne plus.

DAMIS.

Nous suivrons sur cela vos ordres absolus.

M. GRIPON.

C'est très-bien dit. Mon gendre a du bon ; et j'espère
Morigéner bientôt cette tête légère :
Mais surtout plus de bal ; je ne prétends plus voir
Changer la nuit en jour, et le matin en soir.

DAMIS.

Ne craignez rien.

M. GRIPON.

Eh bien, où vas-tu ?

DAMIS.

                      Satisfaire
Le plus doux des devoirs et l'ardeur la plus chère.

M. GRIPON.

Il brûle pour Phlipotte.

DAMIS.

                Après avoir dansé,
Plein des traits amoureux dont mon cœur est blessé,
Je vais, Monsieur, je vais... me coucher... je me flatte
Que ma passion, vive autant que délicate,
Me fera peu dormir en ce fortuné jour;
Et je serai long-temps éveillé par l'amour.

                      (*Il l'embrasse.*)

SCÈNE II.

M. GRIPON, *seul.*

Les romans l'ont gâté; sa tête est attaquée;
Mais celle de son père est bien plus détraquée.
Il veut incognito rentrer dans sa maison.
Quel profit à cela? quel projet sans raison!
Ce n'est qu'en fait d'argent que j'aime le mystère;
Mais je fais ce qu'il veut : ma foi, c'est son affaire.
Mari qui veut surprendre, est souvent fort surpris,
Et... mais voici monsieur qui vient dans son logis.

SCÈNE III.

M. DURU, M. GRIPON.

M. DURU.

Quelle réception, après douze ans d'absence !
Comme tout se corrompt, comme tout change en France !

M. GRIPON.

Bonjour, compère.

M. DURU.

O Ciel !

M. GRIPON.

Il ne me répond point.
Il rêve.

M. DURU.

Quoi ! ma femme infidèle à ce point !
A quel horrible luxe elle s'est emportée !
Cette maison, je crois, du diable est habitée ;
Et j'y mettrais le feu, sans les dépens maudits
Qu'à brûler les maisons il en coûte à Paris.

M. GRIPON.

Il parle long-temps seul, c'est signe de démence.

M. DURU.

Je l'ai bien mérité par ma sotte imprudence.
A votre femme un mois confiez votre bien ;
Au bout de trente jours vous ne retrouvez rien.
Je m'étais noblement privé du nécessaire :
M'en voilà bien payé. Que résoudre ? que faire ?
Je suis assassiné, confondu, ruiné.

ACTE II, SCÈNE III.

M. GRIPON.

Bonjour, compère. Eh bien! vous avez terminé
Assez heureusement un assez long voyage.
Je vous trouve un peu vieux.

M. DURU.

Je vous dis que j'enrage.

M. GRIPON.

Oui, je le crois; il est fort triste de vieillir :
On a bien moins de temps pour pouvoir s'enrichir.

M. DURU.

Plus d'honneur, plus de règle, et les lois violées!...

M. GRIPON.

Je n'ai violé rien; les choses sont réglées.
J'ai pour vous dans mes mains, en beaux et bons papiers,
Trois cent deux mille francs, dix-huit sous neuf deniers.
Revenez-vous bien riche?

M. DURU.
Oui.

M. GRIPON.

Moquez-vous du monde.

M. DURU.

Oh! j'ai le cœur navré d'une douleur profonde.
J'apporte un million tout au plus; le voilà.
(*Il montre son porte-feuille.*)
Je suis outré, perdu.

M. GRIPON.

Quoi! n'est-ce que cela?
Il faut se consoler.

M. DURU.

Ma femme me ruine.
Vous voyez quel logis et quel train. La coquine!...

M. GRIPON.

Sois le maître chez toi; mets-la dans un couvent.

M. DURU.

Je n'y manquerai pas. Je trouve, en arrivant,
Des laquais de six pieds, tous ivres de la veille;
Un portier à moustache, armé d'une bouteille,
Qui, me voyant passer, m'invite en bégayant
A venir déjeûner dans son appartement.

M. GRIPON.

Chasse tous ces coquins.

M. DURU.

C'est ce que je veux faire.

M. GRIPON.

C'est un profit tout clair. Tous ces gens-là, compère,
Sont nos vrais ennemis, dévorent notre bien;
Et, pour vivre à son aise, il faut vivre de rien.

M. DURU.

Ils m'auront ruiné : cela me perce l'ame.
Me conseillerais-tu de surprendre ma femme?

M. GRIPON.

Tout comme tu voudras.

M. DURU.

Me conseillerais-tu
D'attendre encore un peu, de rester inconnu?

M. GRIPON.

Selon ta fantaisie.

M. DURU.
Ah! le maudit ménage!
Comment a-t-on reçu l'offre du mariage?
M. GRIPON.
Oh! fort bien : sur ce point nous serons tous contents;
On aime avec transport déjà mes deux enfants.
M. DURU.
Passe. On n'a donc point eu de peine à satisfaire
A mes ordres précis?
M. GRIPON.
De la peine? au contraire;
Ils ont avec plaisir conclu soudainement.
Ton fils a pour ma fille un amour véhément;
Et ta fille déjà brûle, sur ma parole,
Pour mon petit Gripon.
M. DURU.
Du moins cela console.
Nous mettrons ordre au reste.
M. GRIPON.
Oh! tout est résolu;
Et cet après-midi l'hymen sera conclu.
M. DURU.
Mais ma femme?
M. GRIPON.
Oh! parbleu, ta femme est ton affaire.
Je te donne une bru charmante et ménagère;
J'ai toujours à ton fils destiné ce bijou;
Et nous les marîrons sans leur donner un sou.
M. DURU.
Fort bien.

M. GRIPON.

L'argent corrompt la jeunesse volage.
Point d'argent ; c'est un point capital en ménage.

M. DURU.

Mais ma femme?

M. GRIPON.

Fais-en tout ce qu'il te plaira.

M. DURU.

Je voudrais voir un peu comme on me recevra,
Quel air aura ma femme.

M. GRIPON.

Et pourquoi ? que t'importe ?

M. DURU.

Voir... là... si la nature est au moins assez forte,
Si le sang parle assez dans ma fille et mon fils
Pour reconnaître en moi le maître du logis.

M. GRIPON.

Quand tu te nommeras, tu te feras connaître :
Est-ce que le sang parle ? et ne dois-tu pas être
Honnêtement content, quand, pour comble de biens,
Tes dociles enfants vont épouser les miens ?
Adieu : j'ai quelque dette active et d'importance,
Qui devers le midi demande ma présence ;
Et je reviens, compère, après un court dîner,
Moi, ma fille et mon fils, pour conclure et signer.

SCÈNE IV.

M. DURU, seul.

Les affaires vont bien; quant à ce mariage,
J'en suis fort satisfait : mais quant à mon ménage,
C'est un scandale affreux, et qui me pousse à bout.
Il faut tout observer, découvrir tout, voir tout.
              (*On sonne.*)
J'entends une sonnette et du bruit, on appelle.

SCÈNE V.

M. DURU, MARTHE, *à la porte.*

M. DURU.

Oh! quelle est cette jeune et belle demoiselle
Qui va vers cette porte? Elle a l'air bien coquet.
Est-ce ma fille? Mais... j'en ai peur, en effet :
Elle est bien faite au moins, passablement jolie,
Et cela fait plaisir. Ecoutez, je vous prie,
Où courez-vous si vite, aimable et chère enfant?

MARTHE.

Je vais chez ma maîtresse, en son appartement.

M. DURU.

Quoi! vous êtes suivante? Et de qui, ma mignonne?

MARTHE.

De madame Duru.

M. DURU, *à part.*

              Je veux de la friponne
Tirer quelque parti, m'instruire, si je puis...
Ecoutez.

MARTHE.

Quoi, monsieur ?

M. DURU.

Savez-vous qui je suis ?

MARTHE.

Non ; mais je vois assez ce que vous pouvez être.

M. DURU.

Je suis l'intime ami de monsieur votre maître,
Et de monsieur Gripon. Je puis très-aisément
Vous faire ici du bien, même en argent comptant.

MARTHE.

Vous me ferez plaisir. Mais, Monsieur, le temps presse ;
Et voici le moment de coucher ma maîtresse.

M. DURU.

Se coucher, quand il est neuf heures du matin ?

MARTHE.

Oui, Monsieur.

M. DURU.

Quelle vie, et quel horrible train !

MARTHE.

C'est un train fort honnête. Après souper on joue ;
Après le jeu l'on danse, et puis on dort.

M. DURU.

J'avoue
Que vous me surprenez ; je ne m'attendais pas
Que madame Duru fît un si beau fracas.

MARTHE.

Quoi ? cela vous surprend, vous, bon-homme, à votre âge ?
Mais rien n'est plus commun. Madame fait usage

Des grands biens amassés par son ladre mari ;
Et quand on tient maison, chacun en use ainsi.

M. DURU.

Mignonne, ces discours me font peine à comprendre ;
Qu'est-ce tenir maison ?

MARTHE.

Faut-il tout vous apprendre ?
D'où diable venez-vous ?

M. DURU.

D'un peu loin.

MARTHE.

Je le voi.
Vous me paraissez neuf, quoique antique.

M. DURU.

Ma foi,
Tout est neuf à mes yeux. Ma petite maîtresse,
Vous tenez donc maison ?

MARTHE.

Oui.

M. DURU.

Mais de quelle espèce ?
Et dans cette maison que fait-on, s'il vous plaît ?

MARTHE.

De quoi vous mêlez-vous ?

M. DURU.

J'y prends quelque intérêt.

MARTHE.

Vous, Monsieur ?

M. DURU.

(*A part.*)

Oui, moi-même. Il faut que je hasarde
Un peu d'or de ma poche avec cette égrillarde :
Ce n'est pas sans regret; mais essayons enfin.

(*Haut.*)
Monsieur Duru vous fait ce présent par ma main.

MARTHE.

Grand merci.

M. DURU.

Méritez un tel effort, ma belle;
C'est à vous de montrer l'excès de votre zèle
Pour le patron d'ici, le bon monsieur Duru,
Que, par malheur pour vous, vous n'avez jamais vu.
Quelque amant, entre nous, a, pendant son absence,
Produit tous ces excès, avec cette dépense?

MARTHE.

Quelque amant! vous osez attaquer notre honneur?
Quelque amant! A ce trait, qui blesse ma pudeur,
Je ne sais qui me tient que mes mains appliquées
Ne soient sur votre face avec cinq doigts marquées.
Quelque amant! dites-vous?

M. DURU.

Eh! pardon.

MARTHE.

Apprenez
Que ce n'est pas à vous à fourrer votre nez
Dans ce que fait madame.

M. DURU.

Eh! mais...

ACTE II, SCÈNE V.

MARTHE.

        Elle est trop bonne,
Trop sage, trop honnête, et trop douce personne;
Et vous êtes un sot avec vos questions :
   (*On sonne.*)
J'y vais... Un impudent, un rôdeur de maisons;
   (*On sonne.*)
Tout à l'heure... Un benêt qui pense que les filles
Iront lui confier les secrets des familles!
   (*On sonne.*)
Eh! j'y cours... Un vieux fou que la main que voilà
      (*On sonne.*)
Devrait punir cent fois... L'on y va, l'on y va.

SCÈNE VI.

M. DURU, *seul.*

Je ne sais si je dois en croire sa colère :
Tout ici m'est suspect; et sur ce grand mystère
Les femmes ont juré de ne parler jamais;
On n'en peut rien tirer par force, ou par bienfaits;
Et toutes, se liguant pour nous en faire accroire,
S'entendent contre nous, comme larrons en foire.
Non, je n'entrerai point; je veux examiner
Jusqu'où du bon chemin l'on peut se détourner.
Que vois-je? un beau monsieur sortant de chez ma femme!
Ah! voilà comme on tient maison!

SCÈNE VII.

M. DURU, LE MARQUIS, *sortant de l'appartement de madame Duru, en lui parlant tout haut.*

LE MARQUIS.

Adieu, Madame.
Ah! que je suis heureux!

M. DURU.

Et beaucoup trop. J'en tien.

LE MARQUIS.

Adieu, jusqu'à ce soir.

M. DURU.

Ce soir encor? Fort bien.
Comme de la maison je vois ici deux maîtres,
L'un des deux pourrait bien sortir par les fenêtres.
On ne me connaît pas : gardons nous d'éclater.

LE MARQUIS.

Quelqu'un parle, je crois.

M. DURU.

Je n'en saurais douter.
Volets fermés, au lit; rendez-vous, porte close :
La suivante, à mon nez, complice de la chose!

LE MARQUIS.

Quel est cet homme-là qui jure entre ses dents?

M. DURU.

Mon fait est net et clair.

LE MARQUIS.

Il paraît hors de sens.

ACTE II, SCÈNE VII.

M. DURU.

J'aurais mieux fait, ma foi, de rester à Surate,
Avec tout mon argent. Ah, traître! ah, scélérate!

LE MARQUIS.

Qu'avez-vous donc, Monsieur, qui parlez seul ainsi?

M. DURU.

Mais j'étais étonné que vous fussiez ici.

LE MARQUIS.

Et pourquoi, mon ami?

M. DURU.

Monsieur Duru, peut-être,
Ne serait pas content de vous y voir paraître.

LE MARQUIS.

Lui, mécontent de moi? Qui vous a dit cela?

M. DURU.

Des gens bien informés. Ce monsieur Duru-là,
Chez qui vous avez pris des façons si commodes,
Le connaissez-vous?

LE MARQUIS.

Non : il est aux antipodes,
Dans les Indes, je crois, cousu d'or et d'argent.

M. DURU.

Mais vous connaissez fort madame?

LE MARQUIS.

Apparemment :
Sa bonté m'est toujours précieuse et nouvelle;
Et je fais mon bonheur de vivre ici près d'elle.
Si vous avez besoin de sa protection,
Parlez; j'ai du crédit, je crois, dans la maison.

M. DURU.

Je le vois... De monsieur je suis l'homme d'affaires.

LE MARQUIS.

Ma foi, de ces gens-là je ne me mêle guères.
Soyez le bien-venu ; prenez surtout le soin
D'apporter quelque argent dont nous avons besoin.
Bon soir.

M. DURU, *à part.*

J'enfermerai dans peu ma chère femme.
(*Au marquis.*)
Que l'enfer... Mais, Monsieur, qui gouvernez madame,
La chambre de sa fille est-elle près d'ici?

LE MARQUIS.

Tout auprès, et j'y vais. Oui, l'ami ; la voici.
(*Il entre chez Érise, et ferme la porte.*)

M. DURU.

Cet homme est nécessaire à toute ma famille :
Il sort de chez ma femme, et s'en va chez ma fille.
Je n'y puis plus tenir, et je succombe enfin.
Justice! je suis mort.

SCÈNE VIII.

M. DURU, LE MARQUIS, *revenant avec* ÉRISE.

ÉRISE.

Eh! mon Dieu! quel lutin,
Quand on va se coucher, tempête à cette porte?
Qui peut crier ainsi de cette étrange sorte?

LE MARQUIS.

Faites donc moins de bruit ; ne vous a-t-on pas dit

ACTE II, SCÈNE VIII.

Qu'après qu'on a dansé l'on va se mettre au lit?
Jurez plus bas tout seul.

M. DURU.

Je ne puis plus rien dire.
Je suffoque.

ÉRISE.

Quoi donc?

M. DURU.

Est-ce un rêve, un délire?
Je vengerai l'affront fait avec tant d'éclat.
Juste Ciel! et comment son frère l'avocat
Peut-il souffrir céans cette honte inouïe
Sans plaider?

ÉRISE.

Quel est donc cet homme, je vous prie?

LE MARQUIS.

Je ne sais; il paraît qu'il est extravagant :
Votre père, dit-il, l'a pris pour son agent.

ÉRISE.

D'où vient que cet agent fait tant de tintamarre?

LE MARQUIS.

Ma foi! je n'en sais rien : cet homme est si bizarre!

ÉRISE.

Est-ce que mon mari, Monsieur, vous a fâché?

M. DURU.

Son mari!... J'en suis quitte encore à bon marché.
C'est-là votre mari?

ÉRISE.

Sans doute, c'est lui-même.

M. DURU.

Lui, le fils de Gripon?

ÉRISE.

C'est mon mari, que j'aime.
A mon père, Monsieur, lorsque vous écrirez,
Peignez-lui bien les nœuds dont nous sommes serrés.

M. DURU.

Que la fièvre le serre!

LE MARQUIS.

Ah! daignez condescendre!...

M. DURU.

Maître Isaac Gripon m'avait bien fait entendre
Qu'à votre mariage on pensait en effet;
Mais il ne m'a pas dit que tout cela fût fait.

LE MARQUIS.

Eh bien! je vous en fais la confidence entière.

M. DURU.

Mariés?

ÉRISE.

Oui, Monsieur.

M. DURU.

De quand?

LE MARQUIS.

La nuit dernière.

M. DURU, *regardant le marquis.*

Votre époux, je l'avoue, est un fort beau garçon;
Mais il ne m'a point l'air d'être fils de Gripon.

LE MARQUIS.

Monsieur sait qu'en la vie il est fort ordinaire
De voir beaucoup d'enfants tenir peu de leur père.

Par exemple, le fils de ce monsieur Duru
En est tout différent, n'en a rien.

M. DURU.

Qui l'eût cru ?
Serait-il point aussi marié, lui ?

ÉRISE.

Sans doute.

M. DURU.

Lui ?

LE MARQUIS.

Ma sœur dans ses bras en ce moment-ci goûte
Les premières douceurs du conjugal lien.

M. DURU.

Votre sœur ?

LE MARQUIS.

Oui, Monsieur.

M. DURU.

Je n'y conçois plus rien.
Le compère Gripon m'eût dit cette nouvelle.

LE MARQUIS.

Il regarde cela comme une bagatelle.
C'est un homme occupé toujours du denier dix,
Noyé dans le calcul, fort distrait.

M. DURU.

Mais jadis
Il avait l'esprit net.

LE MARQUIS.

Les grands travaux et l'âge
Altèrent la mémoire ainsi que le visage.

M. DURU.

Ce double mariage est donc fait?

ÉRISE.

Oui, Monsieur.

LE MARQUIS.

Je vous en donne ici ma parole d'honneur;
N'avez-vous donc pas vu les débris de la noce?

M. DURU.

Vous m'avez tous bien l'air d'aimer le fruit précoce,
D'anticiper l'hymen qu'on avait projeté.

LE MARQUIS.

Ne nous soupçonnez pas de cette indignité;
Cela serait criant.

M. DURU.

Oh! la faute est légère.
Pourvu qu'on n'ait pas fait une trop forte chère,
Que la noce n'ait pas horriblement coûté,
On peut vous pardonner cette vivacité.
Vous paraissez d'ailleurs un homme assez aimable.

ÉRISE.

Oh! très-fort.

M. DURU.

Votre sœur est-elle aussi passable?

LE MARQUIS.

Elle vaut cent fois mieux.

M. DURU.

Si la chose est ainsi,
Monsieur Duru pourrait excuser tout ceci.
Je vais enfin parler à sa mère, et pour cause...

ACTE II, SCÈNE VIII.

ÉRISE.

Ah! gardez-vous en bien, Monsieur; elle repose.
Elle est trop fatiguée; elle a pris tant de soins...

M. DURU.

Je m'en vais donc parler à son fils.

ÉRISE.

Encor moins.

LE MARQUIS.

Il est trop occupé.

M. DURU.

L'aventure est fort bonne.
Ainsi dans ce logis je ne puis voir personne?

LE MARQUIS.

Il est de certains cas où des hommes de sens
Se garderont toujours d'interrompre les gens.
Vous voilà bien au fait; je vais avec Madame
Me rendre aux doux transports de la plus pure flamme.
Ecrivez à son père un détail si charmant.

ÉRISE.

Marquez-lui mon respect et mon contentement.

M. DURU.

Et son contentement! Je ne sais si ce père
Doit être aussi content d'une si prompte affaire.
Quelle éveillée!

LE MARQUIS.

Adieu : revenez vers le soir,
Et soupez avec nous.

ÉRISE.

Bonjour; jusqu'au revoir.

LE MARQUIS.

Serviteur.

ÉRISE.

Tout à vous.

SCÈNE IX.

M. DURU, MARTHE.

M. DURU, *seul.*

    Mais Gripon le compère
S'est bien pressé, sans moi, de finir cette affaire.
Quelle fureur de noce a saisi tous nos gens !
Tous quatre à s'arranger sont un peu diligents.
De tant d'événements j'ai la vue ébahie.
J'arrive; et tout le monde à l'instant se marie.
Il reste, en vérité, pour compléter ceci,
Que ma femme à quelqu'un soit mariée aussi.
Entrons, sans plus tarder. Ma femme! holà! qu'on m'ouvre.
  (*Il heurte.*)
Ouvrez, vous dis-je; il faut qu'enfin tout se découvre.

MARTHE, *derrière la porte.*

Paix, paix, l'on n'entre point.

M. DURU.

     Oh! je veux, malgré toi,
Suivante impertinente, entrer enfin chez moi.

FIN DU SECOND ACTE.

ACTE TROISIÈME.

SCÈNE I.

M. DURU, *seul.*

J'ai beau frapper, crier, courir dans ce logis,
De ma femme à mon gendre, et du gendre à mon fils,
On répond en ronflant. Les valets, les servantes
Ont tout barricadé. Ces manœuvres plaisantes
Me déplaisent beaucoup. Ces quatre extravagants,
Si vite mariés, sont au lit trop long-temps.
Et ma femme! ma femme! oh! je perds patience.
Ouvrez, morbleu!

SCÈNE II.

M. DURU, M. GRIPON, *tenant le contrat et une écritoire à la main.*

M. GRIPON.
Je viens signer notre alliance.
M. DURU.
Comment, signer!
M. GRIPON.
Sans doute, et vous l'avez voulu :
Il faut conclure tout.
M. DURU.
Tout est assez conclu;
Vous radotez.

M. GRIPON.

Je viens pour consommer la chose.

M. DURU.

La chose est consommée.

M. GRIPON.

Oh! oui : je me propose
De produire au grand jour ma Phlipotte et Phlipot.
Ils viennent.

M. DURU.

Quels discours!

M. GRIPON.

Tout est prêt en un mot.

M. DURU.

Morbleu, vous vous moquez; tout est fait.

M. GRIPON.

Çà, compère,
Votre femme est instruite, et prépare l'affaire.

M. DURU.

Je n'ai point vu ma femme : elle dort; et mon fils
Dort avec votre fille; et mon gendre au logis
Avec ma fille dort; et tout dort. Quelle rage
Vous a fait cette nuit presser ce mariage?

M. GRIPON.

Es-tu devenu fou?

M. DURU.

Quoi! mon fils ne tient pas
A présent dans son lit Phlipotte et ses appas?
Les noces, cette nuit, n'auraient pas été faites?

M. GRIPON.

Ma fille a, cette nuit, repassé ses cornettes;

ACTE III, SCÈNE II.

Elle s'habille en hâte; et mon fils, son cadet,
Pour épargner les frais, met le contrat au net.

M. DURU.

Juste Ciel! quoi! ton fils n'est pas avec ma fille?

M. GRIPON.

Non, sans doute.

M. DURU.

Le diable est donc dans ma famille.

M. GRIPON.

Je le crois.

M. DURU.

Ah! fripons! femme indigne du jour,
Vous payerez bien cher ce détestable tour!
Lâches, vous apprendrez que c'est moi qui suis maître!
Approfondissons tout; je prétends tout connaître :
Fais descendre mon fils; va, compère, dis-lui
Qu'un ami de son père, arrivé d'aujourd'hui,
Vient lui parler d'affaire, et ne saurait attendre.

M. GRIPON.

Je vais te l'amener. Il faut punir mon gendre;
Il faut un commissaire; il faut verbaliser :
Il faut venger Phlipotte.

M. DURU.

Eh! cours, sans tant jaser.

M. GRIPON, *revenant*.

Cela pourra coûter quelque argent, mais n'importe.

M. DURU.

Eh! va donc.

M. GRIPON, *revenant*.

Il faudra faire amener main-forte.

M. DURU.

Va, te dis-je.

M. GRIPON.

J'y cours.

SCÈNE III.

M. DURU, *seul.*

O voyage cruel !
O pouvoir marital, et pouvoir paternel !
O luxe ! maudit luxe, invention du diable !
C'est toi qui corromps tout, perds tout, monstre exécrable !
Ma femme, mes enfants, de toi sont infectés.
J'entrevois là-dessous un tas d'iniquités,
Un amas de noirceurs, et surtout de dépenses,
Qui me glacent le sang et redoublent mes transes.
Epouse, fille, fils, m'ont tous perdu d'honneur :
Je ne sais si je dois en mourir de douleur ;
Et, quoique de me pendre il me prenne une envie,
L'argent qu'on a gagné, fait qu'on aime la vie.
Ah ! j'aperçois, je crois, mon traître d'avocat.
Quel habit ! pourquoi donc n'a-t-il point de rabat ?

SCÈNE IV.

M. DURU, M. GRIPON, DAMIS.

DAMIS, *à M. Gripon.*

Quel est cet homme ? il a l'air bien atrabilaire.

M. GRIPON.

C'est le meilleur ami qu'ait monsieur votre père.

ACTE III, SCÈNE IV.

DAMIS.

Prête-t-il de l'argent ?

M. GRIPON.

En aucune façon ;
Car il en a beaucoup.

M. DURU.

Répondez, beau garçon ;
Etes-vous avocat ?

DAMIS.

Point du tout.

M. DURU.

Ah, le traître !
Etes-vous marié ?

DAMIS.

J'ai le bonheur de l'être.

M. DURU.

Et votre sœur ?

DAMIS.

Aussi. Nous avons, cette nuit,
Goûté d'un double hymen le tendre et premier fruit.

M. GRIPON.

Mariés !

M. DURU.

Scélérat !

M. GRIPON.

A qui donc ?

DAMIS.

A ma femme.

M. GRIPON.

A ma Phlipotte ?

DAMIS.

Non.

M. DURU.

Je me sens percer l'ame.
Quelle est-elle? En un mot, vite, répondez-moi.

DAMIS.

Vous êtes curieux et poli, je le voi.

M. DURU.

Je veux savoir de vous celle qui, par surprise,
Pour braver votre père, ici s'impatronise.

DAMIS.

Quelle est ma femme?

M. DURU.

Oui, oui.

DAMIS.

C'est la sœur de celui
A qui ma propre sœur est unie aujourd'hui.

M. GRIPON.

Quel galimatias!

DAMIS.

La chose est toute claire.
Vous savez, cher Gripon, qu'un ordre de mon père
Enjoignait à ma mère, en termes très-précis,
D'établir au plus tôt et sa fille et son fils.

M. DURU.

Eh bien, traître?

DAMIS.

A cet ordre elle s'est asservie,
Non pas absolument, mais du moins en partie :
Il veut un prompt hymen; il s'est fait promptement.

Il est vrai qu'on n'a pas conclu précisément
Avec ceux que sa lettre a nommés par sa clause ;
Mais le plus fort est fait, le reste est peu de chose.
Le marquis d'Outremont, l'un de nos bons amis,
Est un homme...

M. GRIPON.

Ah! c'est-là cet ami du logis.
On s'est moqué de nous : je m'en doutais, compère.

M. DURU.

Allons ; faites venir vite le commissaire,
Vingt huissiers.

DAMIS.

Eh, qui donc êtes-vous, s'il vous plaît,
Qui daignez prendre à nous un si grand intérêt ?
Cher ami de mon père, apprenez que peut-être,
Sans mon respect pour lui, cette large fenêtre
Serait votre chemin pour vider la maison :
Dénichez de chez moi.

M. DURU.

Comment, maître fripon,
Toi, me chasser d'ici! toi, scélérat, faussaire,
Aigrefin, débauché, l'opprobre de ton père!
Qui n'es point avocat!

SCÈNE V.

MADAME DURU, *sortant d'un côté avec* MARTHE, LE MARQUIS, *sortant de l'autre avec* ÉRISE, M. DURU, M. GRIPON, DAMIS.

MADAME DURU, *dans le fond.*

Mon carrosse est-il prêt?
D'où vient donc tout ce bruit?

LE MARQUIS.

Ah! je vois ce que c'est.

MARTHE.

C'est mon questionneur.

LE MARQUIS.

Oui, c'est ce vieux visage,
Qui semblait si surpris de notre mariage.

MADAME DURU.

Qui donc?

LE MARQUIS.

De votre époux il dit qu'il est agent.

M. DURU, *en colère, se retournant.*

Oui, c'est moi.

MARTHE.

Cet agent paraît peu patient.

MADAME DURU, *avançant.*

Ah! que vois-je? quels traits! c'est lui-même; et mon ame...

M. DURU.

Voilà donc à la fin ma coquine de femme!
Oh! comme elle est changée! elle n'a plus, ma foi,
De quoi raccommoder ses fautes près de moi.

ACTE III, SCÈNE V.

MADAME DURU.

Quoi! c'est vous, mon mari, mon cher époux?...

DAMIS, ÉRISE, LE MARQUIS, *ensemble.*

Mon père!

MADAME DURU.

Daignez jeter, Monsieur, un regard moins sévère
Sur moi, sur mes enfants, qui sont à vos genoux.

LE MARQUIS.

Oh! pardon : j'ignorais que vous fussiez chez vous.

M. DURU.

Ce matin...

LE MARQUIS.

Excusez; j'en suis honteux dans l'ame.

MARTHE.

Et qui vous aurait cru le mari de madame?

DAMIS.

A vos pieds...

M. DURU.

Fils indigne, apostat du barreau,
Malheureux marié, qui fais ici le beau,
Fripon; c'est donc ainsi que ton père lui-même
S'est vu reçu de toi? C'est ainsi que l'on m'aime?

M. GRIPON.

C'est la force du sang.

DAMIS.

Je ne suis pas devin.

MADAME DURU.

Pourquoi tant de courroux dans notre heureux destin?
Vous retrouvez ici toute votre famille;
Un gendre, un fils bien né, votre épouse, une fille.

Que voulez-vous de plus? Faut-il après douze ans
Voir d'un œil de travers sa femme et ses enfants?

M. DURU.

Vous n'êtes point ma femme : elle était ménagère;
Elle cousait, filait, faisait très-maigre chère,
Et n'eût point à mon bien porté le coup mortel
Par la main d'un filou, nommé maître-d'hôtel;
N'eût point joué, n'eût point ruiné ma famille,
Ni d'un maudit marquis ensorcelé ma fille;
N'aurait pas à mon fils fait perdre son latin,
Et fait d'un avocat un pimpant aigrefin.
Perfide! voilà donc la belle récompense
D'un travail de douze ans et de ma confiance!
Des soupers dans la nuit! à midi petit jour!
Auprès de votre lit un oisif de la cour!
Et portant en public le honteux étalage
Du rouge enluminé qui peint votre visage!
C'est ainsi qu'à profit vous placiez mon argent?
Allons, de cet hôtel qu'on déniche à l'instant,
Et qu'on aille m'attendre à son second étage.

DAMIS.

Quel père!

LE MARQUIS.

Quel beau-père!

ÉRISE.

Eh! bon Dieu, quel langage!

MADAME DURU.

Je puis avoir des torts; vous, quelques préjugés.
Modérez-vous, de grâce; écoutez et jugez.

ACTE III, SCÈNE V.

Alors que la misère à tous deux fut commune,
Je me fis des vertus propres à ma fortune;
D'élever vos enfants je pris sur moi les soins;
Je me refusai tout pour leur laisser, du moins,
Une éducation qui tînt lieu d'héritage.
Quand vous eûtes acquis, dans votre heureux voyage,
Un peu de bien commis à ma fidélité,
J'en sus placer le fonds : il est en sûreté.

M. DURU.

Oui.

MADAME DURU.

Votre bien s'accrut; il servit, en partie,
A nous donner à tous une plus douce vie.
Je voulus dans la robe élever votre fils;
Il n'y parut pas propre, et je changeai d'avis * :
De mon premier état je soutins l'indigence;
Avec le même esprit j'use de l'abondance.
On doit compte au public de l'usage du bien;
Et qui l'ensevelit est mauvais citoyen :
Il fait tort à l'Etat, il s'en fait à soi-même.
Faut-il, sur son comptoir, l'œil trouble et le teint blême,
Manquer du nécessaire, auprès d'un coffre-fort,
Pour avoir de quoi vivre un jour après sa mort?
Ah! vivez avec nous dans une honnête aisance.
Le prix de nos travaux est dans la jouissance.
Faites votre bonheur en remplissant nos vœux.
Etre riche n'est rien : le tout est d'être heureux.

---

* Voyez les Variantes à la fin de la Pièce.

M. DURU.

Le beau sermon du luxe et de l'intempérance!
Gripon, je souffrirais que, pendant mon absence,
On dispose de tout, de mes biens, de mon fils,
De ma fille!

MADAME DURU.

Monsieur, je vous en écrivis.
Cette union est sage, et doit vous le paraître :
Vos enfants sont heureux; leur père devrait l'être.

M. DURU.

Non; je serais outré d'être heureux malgré moi :
C'est être heureux en sot de souffrir que, chez soi,
Femme, fils, gendre, fille, ainsi se réjouissent.

MADAME DURU.

Ah! qu'à cette union tous vos vœux applaudissent!

M. DURU.

Non, non, non, non; il faut être maître chez soi.

MADAME DURU.

Vous le serez toujours.

ÉRISE.

Ah! disposez de moi.

MADAME DURU.

Nous sommes à vos pieds.

DAMIS.

Tout ici doit vous plaire :
Serez-vous inflexible?

MADAME DURU.

Ah, mon époux?

DAMIS, ÉRISE, *ensemble.*

Mon père!

ACTE III, SCÈNE V.

M. DURU.

Gripon, m'attendrirai-je?

M. GRIPON.

Ecoutez, entre nous,
Ça demande du temps.

MARTHE.

Vite, attendrissez-vous :
Tous ces gens-là, Monsieur, s'aiment à la folie;
Croyez-moi, mettez-vous aussi de la partie..
Personne n'attendait que vous vinssiez ici;
La maison va fort bien ; vous voilà, restez-y.
Soyez gai comme nous, ou que Dieu vous renvoie.
Nous vous promettons tous de vous tenir en joie.
Rien n'est plus douloureux, comme plus inhumain,
Que de gronder tout seul des plaisirs du prochain.

M. DURU.

L'impertinente! Eh bien! qu'en penses-tu, compère?

M. GRIPON.

J'ai le cœur un peu dur; mais, après tout, que faire?
La chose est sans remède; et ma Phlipotte aura
Cent avocats pour un, sitôt qu'elle voudra.

MADAME DURU.

Eh bien, vous rendez-vous?

M. DURU.

Çà, mes enfants, ma femme,
Je n'ai pas, dans le fond, une si vilaine ame.
Mes enfants sont pourvus; et puisque de son bien,
Alors que l'on est mort, on ne peut garder rien,
Il faut en dépenser un peu pendant sa vie :
Mais ne mangez pas tout, Madame, je vous prie.

MADAME DURU.
Ne craignez rien, vivez, possédez, jouissez...
M. DURU.
Dix fois cent mille francs par vous sont-ils placés?
MADAME DURU.
En contrats, en effets, de la meilleure sorte.
M. DURU.
En voici donc autant qu'avec moi je rapporte.
(*Il veut lui donner son porte-feuille, et le remet dans sa poche.*)
MADAME DURU.
Rapportez-nous un cœur doux, tendre, généreux :
Voilà les millions qui sont chers à nos vœux.
M. DURU.
Allons donc; je vois bien qu'il faut avec constance
Prendre enfin mon bonheur du moins en patience.

FIN DE LA FEMME QUI A RAISON.

VARIANTES
DE LA FEMME QUI A RAISON.

* Dans les premières éditions, on lisait :

Il fallait cultiver, non forcer la nature ;
Il est né valeureux, vif, mais plein de droiture :
J'ai fait, à ses talents, habile à me plier,
D'un mauvais avocat un très-bon officier.
Avantageusement j'ai marié ma fille ;
La paix et les plaisirs règnent dans ma famille.
Nous avons des amis ; des seigneurs sans fracas,
Sans vanité, sans airs, et qui n'empruntent pas,
Soupent chez nous gaîment et passent la soirée :
La chère est délicate et toujours modérée ;
Le jeu n'est pas trop fort ; et jamais nos plaisirs
Ne nous ont, grâce au ciel, causé de repentirs.
Dans mon premier état, etc.

LE DROIT DU SEIGNEUR,

COMÉDIE

Représentée à Paris le 18 janvier 1762, en cinq actes; et remise au théâtre en 1778, en trois actes.

AVERTISSEMENT.

La comédie du *Droit du Seigneur* fut d'abord représentée sous le nom de l'*Ecueil du Sage,* et ensuite, lors de la reprise, sous son véritable nom, après la mort de l'auteur. On y voit un paysan raisonner en homme des plus sensés sur l'impertinent droit de vasselage du seigneur de fief. Et en général, les scènes de cette pièce offrent un fond de philosophie naturelle, qui, sans être au-dessus de la portée des simples personnages, doit néanmoins plaire aux esprits éclairés. Le beau caractère du marquis, en opposition avec celui du chevalier dont le libertinage est corrigé par l'exemple du premier, devient en même temps la meilleure leçon contre l'abus du droit privilégié de la naissance et du rang.

PERSONNAGES.

Le marquis du CARRAGE.
Le chevalier de GERNANCE.
MÉTAPROSE, bailli.
MATHURIN, fermier.
DIGNANT, ancien domestique.
ACANTE, élevée chez Dignant.
BERTHE, seconde femme de Dignant.
COLETTE.
CHAMPAGNE.
Domestiques.

La scène est en Picardie, et l'action du temps de Henri II.

LE DROIT DU SEIGNEUR,

COMÉDIE.

ACTE PREMIER.

SCÈNE I.

MATHURIN, LE BAILLI.

MATHURIN.

Écoutez-moi, monsieur le magister :
Vous savez tout; du moins vous avez l'air
De tout savoir : car vous lisez sans cesse
Dans l'almanach. D'où vient que ma maîtresse
S'appelle Acante, et n'a point d'autre nom ?
D'où vient cela ?

LE BAILLI.
   Plaisante question !
Eh, que t'importe ?

MATHURIN.
    Oh! cela me tourmente :
J'ai mes raisons.

LE BAILLI.

                    Elle s'appelle Acante :
C'est un beau nom ; il vient du grec *Anthos,*
Que les Latins ont depuis nommé *Flos.*
Flos se traduit par *Fleur;* et ta future
Est une fleur que la belle nature,
Pour la cueillir, façonna de sa main ;
Elle fera l'honneur de ton jardin.
Qu'importe un nom ? chaque père à sa guise
Donne des noms aux enfants qu'on baptise.
Acante a pris son nom de son parrain,
Comme le tien te nomma Mathurin.

MATHURIN.

Acante vient du grec ?

LE BAILLI.

            Chose certaine.

MATHURIN.

Et Mathurin, d'où vient-il ?

LE BAILLI.

                    Ah ! qu'il vienne
De Picardie ou d'Artois, un savant
A ces noms-là s'arrête rarement.
Tu n'as point de nom, toi ; ce n'est qu'aux belles
D'en avoir un, car il faut parler d'elles.

MATHURIN.

Je ne sais, mais ce nom grec me déplaît.
Maître, je veux qu'on soit ce que l'on est :
Ma maîtresse est villageoise ; et je gage
Que ce nom-là n'est pas de mon village.

Acante, soit. Son vieux père Dignant
Semble accorder sa fille en rechignant;
Et cette fille, avant d'être ma femme,
Paraît aussi rechigner dans son ame.
Oui, cette Acante, en un mot, cette fleur,
Si je l'en crois, me fait beaucoup d'honneur
De supporter que Mathurin la cueille.
Elle est hautaine et dans soi se recueille,
Me parle peu, fait de moi peu de cas;
Et quand je parle, elle n'écoute pas :
Et n'eût été Berthe sa belle-mère,
Qui haut la main régente son vieux père,
Ce mariage, en mon chef résolu
N'aurait été, je crois, jamais conclu.

LE BAILLI.

Il l'est enfin, et de manière exacte;
Chez ses parents je t'en dresserai l'acte;
Car si je suis le magister d'ici,
Je suis bailli, je suis notaire aussi;
Et je suis prêt, dans mes trois caractères,
A te servir dans toutes tes affaires.
Que veux-tu? dis.

MATHURIN.

    Je veux qu'incessamment
On me marie.

LE BAILLI.

  Ah! vous êtes pressant.

MATHURIN.

Et très-pressé... Voyez-vous? l'âge avance.
J'ai dans ma ferme acquis beaucoup d'aisance;

J'ai travaillé vingt ans pour vivre heureux ;
Mais l'être seul!... il vaut mieux l'être deux.
Il faut se marier avant qu'on meure.

LE BAILLI.

C'est très-bien dit : et quand donc ?

MATHURIN.

Tout à l'heure.

LE BAILLI.

Oui ; mais Colette à votre sacrement,
Mons Mathurin, peut mettre empêchement :
Elle vous aime avec quelque tendresse,
Vous et vos biens ; elle eut de vous promesse
De l'épouser.

MATHURIN.

Oh bien, je dépromets.
Je veux, pour moi, m'arranger désormais ;
Car je suis riche, et coq de mon village.
Colette veut m'avoir par mariage,
Et moi je veux du conjugal lien
Pour mon plaisir, et non pas pour le sien.
Je n'aime plus Colette ; c'est Acante,
Entendez-vous ? qui seule ici me tente.
Entendez-vous, magister trop rétif ?

LE BAILLI.

Oui, j'entends bien : vous êtes trop hâtif ;
Et pour signer vous devriez attendre
Que monseigneur daignât ici se rendre :
Il vient demain ; ne faites rien sans lui.

MATHURIN.

C'est pour cela que j'épouse aujourd'hui.

ACTE I, SCÈNE I.

LE BAILLI.

Comment?

MATHURIN.

Eh oui : ma tête est peu savante ;
Mais on connaît la coutume impudente
De nos seigneurs de ce canton Picard.
C'est bien assez qu'à nos biens on ait part,
Sans en avoir encore à nos épouses.
Des Mathurins les têtes sont jalouses :
J'aimerais mieux demeurer vieux garçon
Que d'être époux avec cette façon.
Le vilain droit !

LE BAILLI.

Mais il est fort honnête.
Il est permis de parler tête à tête
A sa sujette, afin de la tourner
A son devoir, et de l'endoctriner.

MATHURIN.

Je n'aime point qu'un jeune homme endoctrine
Cette disciple à qui je me destine ;
Cela me fâche.

LE BAILLI.

Acante a trop d'honneur
Pour te fâcher : c'est le droit du seigneur ;
Et c'est à nous, en personnes discrètes,
A nous soumettre aux lois qu'on nous a faites.

MATHURIN.

D'où vient ce droit?

LE BAILLI.

    Ah! depuis bien long-temps
C'est établi... ça vient du droit des gens.

MATHURIN.

Mais sur ce pied, dans toutes les familles
Chacun pourrait endoctriner les filles.

LE BAILLI.

Oh! point du tout... c'est une invention
Qu'on inventa pour les gens d'un grand nom.
Car, vois-tu bien, autrefois les ancêtres
De monseigneur s'étaient rendus les maîtres
De nos aïeux, régnaient sur nos hameaux.

MATHURIN.

Ouais! nos aïeux étaient donc de grands sots!

LE BAILLI.

Pas plus que toi. Les seigneurs du village
Devaient avoir un droit de vasselage.

MATHURIN.

Pourquoi cela? sommes-nous pas pétris
D'un seul limon, de lait comme eux nourris?
N'avons-nous pas comme eux des bras, des jambes,
Et mieux tournés, et plus forts, plus ingambes?
Une cervelle avec quoi nous pensons
Beaucoup mieux qu'eux? car nous les attrapons.
Sommes-nous pas cent contre un? ça m'étonne
De voir toujours qu'une seule personne
Commande en maître à tous ses compagnons,
Comme un berger fait tondre ses moutons.
Quand je suis seul, à tout cela je pense
Profondément. Je vois notre naissance

Et notre mort, à la ville, au hameau,
Se ressembler comme deux gouttes d'eau.
Pourquoi la vie est-elle différente?
Je n'en vois pas la raison : ça tourmente.
Les Mathurins et les godelureaux,
Et les baillis, ma foi, sont tous égaux.

LE BAILLI.

C'est très-bien dit, Mathurin; mais, je gage,
Si tes valets te tenaient ce langage,
Qu'un nerf de bœuf appliqué sur le dos
Réfuterait puissamment leurs propos :
Tu les ferais rentrer vite à leur place.

MATHURIN.

Oui, vous avez raison; ça m'embarrasse;
Oui, ça pourrait me donner du souci.
Mais, palsembleu, vous m'avoûrez aussi
Que quand chez moi mon valet se marie,
C'est pour lui seul, non pour ma seigneurie,
Qu'à sa moitié je ne prétends en rien,
Et que chacun doit jouir de son bien.

LE BAILLI.

Si les petits à leurs femmes se tiennent,
Compère, aux grands les nôtres appartiennent.
Que ton esprit est bas, lourd et brutal!
Tu n'as pas lu le code *féodal*.

MATHURIN.

Féodal! qu'est-ce?

LE BAILLI.

  Il tient son origine

Du mot *fides* de la langue latine :
C'est comme qui dirait...

MATHURIN.

Sais-tu qu'avec
Ton vieux latin et ton ennuyeux grec,
Si tu me dis des sottises pareilles,
Je pourrais bien frotter tes deux oreilles.

(*Il menace le bailli, qui parle toujours en reculant; et Mathurin court après lui.*)

LE BAILLI.

Je suis bailli, ne t'en avise pas.
Fides veut dire *foi*. Conviens-tu pas
Que tu dois foi, que tu dois plein hommage
A monseigneur le marquis du Carrage?
Que tu lui dois dîmes, champart, argent?
Que tu lui dois...

MATHURIN.

Baillif outrecuidant *,
Oui, je dois tout; j'en enrage dans l'ame :
Mais, palsandié, je ne dois point ma femme,
Maudit bailli!

LE BAILLI, *en s'en allant.*

Va, nous savons la loi;
Nous aurons bien ta femme ici sans toi.

---

* *Trop exigeant.*

SCÈNE II.

MATHURIN, *seul*.

Chien de bailli! que ton latin m'irrite!
Ah! sans latin marions-nous bien vite;
Parlons au père, à la fille surtout;
Car ce que je veux, moi, j'en viens à bout.
Voilà comme je suis... J'ai dans ma tête
Prétendu faire une fortune honnête;
La voilà faite. Une fille d'ici
Me tracassait, me donnait du souci,
C'était Colette, et j'ai vu la friponne
Pour mes écus mugueter * ma personne;
J'ai voulu rompre, et je romps : j'ai l'espoir
D'avoir Acante, et je m'en vais l'avoir,
Car je m'en vais lui parler. Sa manière
Est dédaigneuse, et son allure est fière :
Moi, je le suis; et dès que je l'aurai,
Tout aussitôt je vous la réduirai;
Car je le veux. Allons...

SCÈNE III.

MATHURIN, COLETTE, *courant après*.

COLETTE.

Je t'y prends, traître!

MATHURIN, *sans la regarder*.

Allons.

* *Rechercher, courtiser.*

COLETTE.

Tu feins de ne me pas connaître ?

MATHURIN.

Si fait... bonjour.

COLETTE.

Mathurin, Mathurin !
Tu causeras ici plus d'un chagrin.
De tes bonjours je suis fort étonnée ;
Et tes bonjours valaient mieux l'autre année.
C'était tantôt un bouquet de jasmin,
Que tu venais me placer de ta main ;
Puis des rubans pour orner ta bergère ;
Tantôt des vers que tu me faisais faire
Par le bailli, qui n'y comprenait rien,
Ni toi ni moi ; mais tout allait fort bien :
Tout est passé, lâche ! tu me délaisses ?

MATHURIN.

Oui, mon enfant.

COLETTE.

Après tant de promesses,
Tant de bouquets acceptés et rendus,
C'en est donc fait ? je ne te plais donc plus ?

MATHURIN.

Non, mon enfant.

COLETTE.

Et pourquoi, misérable ?

MATHURIN.

Mais je t'aimais : je n'aime plus. Le diable
A t'épouser me poussa vivement ;

En sens contraire il me pousse à présent :
Il est le maître.
COLETTE.
Eh! va, va, ta Colette
N'est plus si sotte, et sa raison s'est faite.
Le diable est juste, et tu diras pourquoi
Tu prends les airs de te moquer de moi.
Pour avoir fait à Paris un voyage,
Te voilà donc petit-maître au village?
Tu penses donc que le droit t'est acquis
D'être en amour fripon comme un marquis?
C'est bien à toi d'avoir l'ame inconstante!
Toi, Mathurin, me quitter pour Acante!
MATHURIN.
Oui, mon enfant.
COLETTE.
Et quelle est la raison?
MATHURIN.
C'est que je suis le maître en ma maison;
Et pour quelqu'un de notre Picardie
Tu m'as parue un peu trop dégourdie.
Tu m'aurais fait trop d'amis, entre nous;
Je n'en veux point, car je suis né jaloux.
Acante enfin aura la préférence :
La chose est faite; adieu, prends patience.
COLETTE.
Adieu! non pas, traître! je te suivrai,
Et contre ton contrat je m'inscrirai.
Mon père était procureur; ma famille
A du crédit, et j'en ai : je suis fille;

Et monseigneur donne protection,
Quand il le faut, aux filles du canton;
Et devant lui nous ferons comparaître
Un gros fermier qui fait le petit-maître,
Fait l'inconstant, se mêle d'être un fat.
Je te ferai rentrer dans ton état :
Nous apprendrons à ta mine insolente
A te moquer d'une pauvre innocente.

MATHURIN.

Cette innocente est dangereuse; il faut
Voir le beau-père, et conclure au plus tôt.

SCÈNE IV.

MATHURIN, DIGNANT, ACANTE, COLETTE.

MATHURIN.

Allons, beau-père, allons bacler la chose.

COLETTE.

Vous ne baclerez rien; non, je m'oppose
A ses contrats, à ses noces, à tout.

MATHURIN.

Qu'elle innocente!

COLETTE.

Oh! tu n'es pas au bout.
(*A Acante.*)
Gardez-vous bien, s'il vous plaît, ma voisine,
De vous laisser enjôler sur sa mine :
Il me trompa quatorze mois entiers.
Chassez cet homme.

ACTE I, SCÈNE IV.

ACANTE.

Hélas! très-volontiers.

MATHURIN.

Très-volontiers!... Tout ce train-là me lasse :
Je suis têtu; je veux que tout se passe
A mon plaisir, suivant mes volontés;
Car je suis riche... Or, beau-père, écoutez :
Pour honorer en moi mon mariage,
Je me décrasse; et j'achète au bailliage
L'emploi brillant de receveur royal
Dans le grenier à sel : ça n'est pas mal.
Mon fils sera conseiller, et ma fille
Relèvera quelque noble famille;
Mes petits-fils deviendront présidents.
De monseigneur un jour les descendants
Feront leur cour aux miens; et, quand j'y pense,
Je me rengorge, et me carre d'avance.

DIGNANT.

Carre-toi bien; mais songe qu'à présent
On ne peut rien sans le consentement
De monseigneur : il est encor ton maître.

MATHURIN.

Et pourquoi ça?

DIGNANT.

Mais, c'est que ça doit être.
A tous seigneurs tous honneurs.

COLETTE, *à Mathurin.*

Oui, vilain.
Il t'en cuira, je t'en réponds.

MATHURIN.

       Voisin,
Notre bailli t'a donné sa folie.
Eh! dis-moi donc, s'il prend en fantaisie
A monseigneur d'avoir femme au logis,
A-t-il besoin de prendre ton avis?

DIGNANT.

C'est différent : je fus son domestique,
De père en fils, dans cette terre antique.
Je suis né pauvre, et je deviens cassé.
Le peu d'argent que j'avais amassé,
Fut employé pour élever Acante.
Notre bailli dit qu'elle est fort savante,
Et qu'entre nous, son éducation
Est au-dessus de sa condition.
C'est ce qui fait que ma seconde épouse,
Sa belle-mère, est fâchée et jalouse,
Et la maltraite, et me maltraite aussi :
De tout cela je suis fort en souci.
Je voudrais bien te donner cette fille;
Mais je ne puis établir ma famille
Sans monseigneur : je vis de ses bontés;
Je lui dois tout, j'attends ses volontés :
Sans son aveu nous ne pouvons rien faire.

ACANTE.

Ah! croyez-vous qu'il le donne, mon père?

COLETTE.

Eh bien! fripon, tu crois que tu l'auras?
Moi, je te dis que tu ne l'auras pas.

MATHURIN.

Tout le monde est contre moi; ça m'irrite.

SCÈNE V.

LES PRÉCÉDENTS, MADAME BERTHE.

MATHURIN, *à Berthe qui arrive.*
Ma belle-mère, arrivez, venez vîte.
Vous n'êtes plus la maîtresse au logis.
Chacun rebèque, et je vous avertis
Que si la chose en cet état demeure,
Si je ne suis marié tout-à-l'heure,
Je ne le serai point, tout est fini,
Tout est rompu.
BERTHE.
Qui m'a désobéi ?
Qui contredit, s'il vous plaît, quand j'ordonne ?
Serait-ce vous, mon mari ? vous ?
DIGNANT.
Personne ;
Nous n'avons garde ; et Mathurin veut bien
Prendre ma fille à-peu-près avec rien ;
J'en suis content, et je dois me promettre
Que monseigneur daignera le permettre.
BERTHE.
Allez, allez, épargnez-vous ce soin :
C'est de moi seule ici qu'on a besoin ;
Et quand la chose une fois sera faite,
Il faudra bien, ma foi, qu'il la permette.
DIGNANT.
Mais...

BERTHE.

Mais il faut suivre ce que je dis.
Je ne veux plus souffrir dans mon logis,
A mes dépens, une fille indolente,
Qui ne fait rien, de rien ne se tourmente,
Qui s'imagine avoir de la beauté
Pour être en droit d'avoir de la fierté.
Mademoiselle, avec sa froide mine,
Ne daigne pas aider à la cuisine;
Elle se mire, ajuste son chignon,
Fredonne un air en brodant un jupon,
Ne parle point, et le soir en cachette
Lit des romans que le bailli lui prête.
Eh bien! voyez; elle ne répond rien.
Je me repens de lui faire du bien.
Elle est muette, ainsi qu'une pécore.

MATHURIN.

Ah, c'est tout jeune; et ça n'a pas encore
L'esprit formé : ça vient avec le temps.

DIGNANT.

Ma bonne, il faut quelques ménagements
Pour une fille; elles ont d'ordinaire
De l'embarras dans cette grande affaire :
C'est modestie et pudeur que cela.
Comme elle enfin vous passâtes par-là;
Je m'en souviens, vous étiez fort revêche.

BERTHE.

Eh! finissons. Allons, qu'on se dépêche :
Quels sots propos! suivez-moi promptement
Chez le bailli.

ACTE I, SCÈNE V.

COLETTE, *à Acante.*
    N'en fais rien, mon enfant.

BERTHE.
Allons, Acante.

ACANTE.
    O Ciel! que dois-je faire?

COLETTE.
Refuse tout, laisse ta belle-mère;
Viens avec moi.

BERTHE, *à Acante.*
    Quoi donc! sans sourciller?
Mais parlez donc.

ACANTE.
    A qui puis-je parler?

DIGNANT.
Chez le bailli, ma bonne, allons l'attendre,
Sans la gêner; et laissons-lui reprendre
Un peu d'haleine.

ACANTE.
    Ah! croyez que mes sens
Sont pénétrés de vos soins indulgents;
Croyez qu'en tout je distingue mon père.

MATHURIN.
Madame Berthe, on ne distingue guère
Ni vous ni moi : la belle a le maintien
Un peu bien sec, mais cela n'y fait rien;
Et je réponds, dès qu'elle sera nôtre,
Qu'en peu de temps je la rendrai toute autre.
                  (*Ils sortent.*)

ACANTE.

Ah! que je sens de trouble et de chagrin!
Me faudra-t-il épouser Mathurin?

SCÈNE VI,

ACANTE, COLETTE.

COLETTE.

Ah! n'en fais rien, crois-moi, ma chère amie.
Du mariage aurais-tu tant d'envie?
Tu peux trouver beaucoup mieux... que sait-on?
Aimerais-tu ce méchant?

ACANTE.

Mon Dieu non.
Mais, vois-tu bien, je ne suis plus soufferte
Dans le logis de la marâtre Berthe;
Je suis chassée; il me faut un abri;
Et par besoin je dois prendre un mari.
C'est en pleurant que je cause ta peine.
D'un grand projet j'ai la cervelle pleine;
Mais je ne sais comment m'y prendre, hélas!
Que devenir!... Dis-moi, ne sais-tu pas
Si monseigneur doit venir dans ses terres?

COLETTE.

Nous l'attendons.

ACANTE.

Bientôt?

COLETTE.

Je ne sais guères

ACTE I, SCÈNE VI.

Dans mon taudis les nouvelles de cour :
Mais, s'il revient, ce doit être un grand jour.
Il met, dit-on, la paix dans les familles ;
Il rend justice, il a grand soin des filles.

ACANTE.

Ah ! s'il pouvait me protéger ici !

COLETTE.

Je prétends bien qu'il me protége aussi.

ACANTE.

On dit qu'à Metz il a fait des merveilles
Qui dans l'armée ont très-peu de pareilles ;
Que Charles-Quint a loué sa valeur.

COLETTE.

Qu'est-ce que Charles-Quint ?

ACANTE.

     Un empereur
Qui nous a fait bien du mal.

COLETTE.

     Et qu'importe ?
Ne m'en faites pas, vous ; et que je sorte
A mon honneur du cas triste où je suis.

ACANTE.

Comme le tien, mon cœur est plein d'ennuis.
Non loin d'ici quelquefois on me mène
Dans un château de la jeune Dormène...

COLETTE.

Près de nos bois ?... ah ! le plaisant château !
De Mathurin le logis est plus beau ;
Et Mathurin est bien plus riche qu'elle.

ACANTE.

Oui, je le sais; mais cette demoiselle
Est autre chose; elle est de qualité;
On la respecte avec sa pauvreté.
Elle a chez elle une vieille personne
Qu'on nomme Laure, et dont l'ame est si bonne!
Laure est aussi d'une grande maison.

COLETTE.

Qu'importe encor?

ACANTE.

Les gens d'un certain nom,
J'ai remarqué cela, chère Colette,
En savent plus, ont l'ame autrement faite,
Ont de l'esprit, des sentiments plus grands,
Meilleurs que nous.

COLETTE.

Oui, dès leurs premiers ans,
Avec grand soin leur ame est façonnée :
La nôtre, hélas! languit abandonnée.
Comme on apprend à chanter, à danser,
Les gens du monde apprennent à penser.

ACANTE.

Cette Dormène et cette vieille dame
Semblent donner quelque chose à mon ame;
Je crois en valoir mieux quand je les vois;
J'ai de l'orgueil; et je ne sais pourquoi...
Et les bontés de Dormène et de Laure
Me font haïr mille fois plus encore
Madame Berthe et monsieur Mathurin.

ACTE I, SCÈNE VI.

COLETTE.

Quitte-les tous.

ACANTE.

Je n'ose; mais enfin
J'ai quelque espoir : que ton conseil m'assiste.
Dis-moi d'abord, Colette, en quoi consiste
Ce fameux droit du seigneur?

COLETTE.

Oh! ma foi,
Va consulter de plus doctes que moi.
Je ne suis point mariée; et l'affaire,
A ce qu'on dit, est un très-grand mystère.
Seconde-moi; fais que je vienne à bout
D'être épousée, et je te dirai tout.

ACANTE.

Ah! j'y ferai mon possible.

COLETTE.

Ma mère
Est très-alerte, et conduit mon affaire;
Elle me fait, par un acte plaintif,
Pousser mon droit par-devant le baillif :
J'aurai, dit-elle, un mari par justice.

ACANTE.

Que de bon cœur j'en fais le sacrifice!
Chère Colette, agissons bien à point,
Toi pour l'avoir, moi pour ne l'avoir point.
Tu gagneras assez à ce partage;
Mais, en perdant, je gagne davantage.

FIN DU PREMIER ACTE.

ACTE SECOND.

SCÈNE I.

LE BAILLI, PHLIPE, *son valet,* ensuite COLETTE

LE BAILLI.

Ma robe, allons... du respect... vite, Phlipe.
C'est en bailli qu'il faut que je m'équipe :
J'ai des clients qu'il faut expédier.
Je suis bailli, je te fais mon huissier.
Amène-moi Colette à l'audience.
 (Il s'assied devant une table, et feuillette un grand livre.)
L'affaire est grave, et de grande importance.
De matrimonio... chapitre deux.
Empêchements... Ces cas-là sont verreux.
Il faut savoir de la jurisprudence.
 (A Colette.)
Approchez-vous... faites la révérence,
Colette : il faut d'abord dire son nom.

COLETTE.
Vous l'avez dit, je suis Colette.

LE BAILLI *écrit.*
                                Bon.
Colette... Il faut dire ensuite son âge.
N'avez-vous pas trente ans, et davantage?

COLETTE.

Fi donc, Monsieur! j'ai vingt ans tout au plus.

LE BAILLI, *écrivant.*

Çà, vingt ans, passe : ils sont bien révolus?

COLETTE.

L'âge, Monsieur, ne fait rien à la chose;
Et, jeune ou non, sachez que je m'oppose
A tout contrat qu'un Mathurin sans foi
Fera jamais avec d'autres que moi.

LE BAILLI.

Vos oppositions seront notoires.
Çà, vous avez des raisons péremptoires?

COLETTE.

J'ai cent raisons.

LE BAILLI.

Dites-les... Aurait-il...?

COLETTE.

Oh! oui, Monsieur.

LE BAILLI.

Mais vous coupez le fil,
A tout moment, de notre procédure.

COLETTE.

Pardon, Monsieur.

LE BAILLI.

Vous a-t-il fait injure?

COLETTE.

Oh tant! j'aurais plus d'un mari sans lui;
Et me voilà pauvre fille aujourd'hui.

LE BAILLI.

Il vous a fait sans doute des promesses?

COLETTE.

Mille pour une, et pleines de tendresses.
Il promettait, il jurait que dans peu
Il me prendrait en légitime nœud.

LE BAILLI, *écrivant.*

En légitime nœud... quelle malice!
Çà, produisez ses lettres en justice.

COLETTE.

Je n'en ai point; jamais il n'écrivait,
Et je croyais tout ce qu'il me disait.
Quand tous les jours on parle tête à tête
A son amant, d'une manière honnête,
Pourquoi s'écrire? à quoi bon?

LE BAILLI.

                              Mais du moins,
Au lieu d'écrits, vous avez des témoins?

COLETTE.

Moi? point du tout : mon témoin c'est moi-même.
Est-ce qu'on prend des témoins quand on s'aime?
Et puis, Monsieur, pouvais-je deviner
Que Mathurin osât m'abandonner?
Il me parlait d'amitié, de constance;
Je l'écoutais, et c'était en présence
De mes moutons, dans son pré, dans le mien :
Ils ont tout vu, mais ils ne disent rien.

LE BAILLI.

Non plus qu'eux tous je n'ai donc rien à dire.
Votre complainte en droit ne peut suffire.
On ne produit ni témoins, ni billets;
On ne vous a rien fait, rien écrit...

ACTE II, SCÈNE I.

COLETTE.

       Mais
Un Mathurin aura donc l'insolence
Impunément d'abuser l'innocence?

LE BAILLI.

En abuser! mais vraiment c'est un cas
Epouvantable, et vous n'en parliez pas!
Instrumentons... Laquelle nous remontre
Que Mathurin, en plus d'une rencontre,
Se prévalant de sa simplicité,
A méchamment contre icelle attenté;
Laquelle insiste, et répète dommages,
Frais, intérêts, pour raison des outrages
Contre les lois faits par le suborneur,
Dit Mathurin, à son présent honneur.

COLETTE.

Rayez cela; je ne veux pas qu'on dise
Dans le pays une telle sottise.
Mon honneur est très-intact; et pour peu
Qu'on l'eût blessé, l'on aurait vu beau jeu.

LE BAILLI.

Que prétendez-vous donc?

COLETTE.

     Etre vengée.

LE BAILLI.

Pour se venger, il faut être outragée,
Et par écrit coucher en mots exprès
Quels attentats encontre vous sont faits;
Articuler les lieux, les circonstances,

Quis, quid, ubi, les excès, insolences,
Enormités, sur quoi l'on jugera.

COLETTE.

Ecrivez donc tout ce qu'il vous plaira.

LE BAILLI.

Ce n'est pas tout; il faut savoir la suite
Que ces excès pourraient avoir produite.

COLETTE.

Comment, produite? Eh! rien ne produit rien.
Traître bailli, qu'entendez-vous?

LE BAILLI.

                        Fort bien.
Laquelle fille a, dans ses procédures,
Perdu le sens, et nous dit des injures;
Et n'apportant nulle preuve du fait,
L'empêchement est nul, de nul effet.

(*Il se lève.*)

Depuis une heure en vain je vous écoute :
Vous n'avez rien prouvé, je vous déboute.

COLETTE.

Me débouter, moi?

LE BAILLI.

      Vous.

COLETTE.

            Maudit baillif!
Je suis déboutée?

LE BAILLI.

          Oui, quand le plaintif
Ne peut donner des raisons qui convainquent,
On le déboute, et les adverses vainquent.

Sur Mathurin n'ayant point action,
Nous procédons à la conclusion.
COLETTE.
Non, non, Bailli; vous aurez beau conclure,
Instrumenter et signer, je vous jure
Qu'il n'aura point son Acante.
LE BAILLI.
Il l'aura;
De monseigneur le droit se maintiendra.
Je suis baillif, et j'ai les droits du maître :
C'est devant moi qu'il faudra comparaître.
Consolez-vous; sachez que vous aurez
Affaire à moi quand vous vous marîrez.
COLETTE.
J'aimerais mieux le reste de ma vie
Demeurer fille.
LE BAILLI.
Oh! je vous en défie.

SCÈNE II.

COLETTE, *seule*.

Ah! comment faire? où reprendre mon bien?
J'ai protesté; cela ne sert de rien.
On va signer. Que je suis tourmentée!

SCÈNE III.

COLETTE, ACANTE.

COLETTE.

A mon secours! me voilà déboutée.

ACANTE.

Déboutée!

COLETTE.

Oui; l'ingrat vous est promis.
On me déboute.

ACANTE.

Hélas! je suis bien pis.
De mes chagrins mon ame est oppressée;
Ma chaîne est prête, et je suis fiancée,
Ou je vais l'être au moins dans un moment.

COLETTE.

Ne hais-tu pas mon lâche?

ACANTE.

Honnêtement.
Entre nous deux, juges-tu sur ma mine
Qu'il soit bien doux d'être ici Mathurine?

COLETTE.

Non pas pour toi; tu portes dans ton air
Je ne sais quoi de brillant et de fier :
A Mathurin cela ne convient guère;
Et ce maraud était mieux mon affaire.

ACANTE.

J'ai par malheur de trop hauts sentiments.
Dis-moi, Colette, as-tu lu des romans?

COLETTE.

Moi? non, jamais.

ACANTE.

Le bailli Métaprose
M'en a prêté... Mon Dieu, la belle chose!

COLETTE.

En quoi si belle?

ACANTE.

On y voit des amants
Si courageux, si tendres, si galants!

COLETTE.

Oh! Mathurin n'est pas comme eux.

ACANTE.

Colette,
Que les romans rendent l'ame inquiète!

COLETTE.

Et d'où vient donc?

ACANTE.

Ils forment trop l'esprit.
En les lisant le mien bientôt s'ouvrit.
A réfléchir que de nuits j'ai passées!
Que les romans font naître de pensées!
Que les héros de ces livres charmants
Ressemblent peu, Colette, aux autres gens!
Cette lumière était pour moi féconde;
Je me voyais dans un tout autre monde;
J'étais au ciel... Ah! qu'il m'était bien dur
De retomber dans mon état obscur;
Le cœur tout plein de ce grand étalage,
De me trouver au fond de mon village,

Et de descendre, après ce vol divin,
Des Amadis à maître Mathurin!

COLETTE.

Votre propos me ravit; et je jure
Que j'ai déjà du goût pour la lecture.

ACANTE.

T'en souvient-il, autant qu'il m'en souvient,
Que ce marquis, ce beau seigneur, qui tient
Dans le pays le rang, l'état d'un prince,
De sa présence honora la province?
Il s'est passé juste un an et deux mois
Depuis qu'il vint pour cette seule fois.
T'en souvient-il? nous le vîmes à table;
Il m'accueillit; ah, qu'il était affable!
Tous ses discours étaient des mots choisis,
Que l'on n'entend jamais dans ce pays :
C'était, Colette, une langue nouvelle,
Supérieure, et pourtant naturelle;
J'aurais voulu l'entendre tout le jour.

COLETTE.

Tu l'entendras sans doute à son retour.

ACANTE.

Ce jour, Colette, occupe ma mémoire,
Où monseigneur tout rayonnant de gloire,
Dans nos forêts suivi d'un peuple entier,
Le fer en main courait le sanglier?

COLETTE.

Oui, quelque idée et confuse et légère
Peut m'en rester.

ACANTE.
Je l'ai distincte et claire.
Je crois le voir avec cet air si grand,
Sur ce cheval superbe et bondissant;
Près d'un gros chêne il perce de sa lance
Le sanglier qui contre lui s'élance.
Dans ce moment j'entendis mille voix,
Que répétaient les échos de nos bois;
Et de bon cœur (il faut que j'en convienne)
J'aurais voulu qu'il démêlât la mienne.
De son départ je fus encor témoin :
On l'entourait, je n'étais pas bien loin.
Il me parla... Depuis ce jour, ma chère,
Tous les romans ont le don de me plaire.
Quand je les lis, je n'ai jamais d'ennui;
Il me paraît qu'ils me parlent de lui.

COLETTE.
Ah, qu'un roman est beau!

ACANTE.
C'est la peinture
Du cœur humain, je crois, d'après nature.

COLETTE.
D'après nature!... Entre nous deux, ton cœur
N'aime-t-il pas en secret monseigneur?

ACANTE.
Oh! non; je n'ose; et je sens la distance
Qu'entre nous deux mit son rang, sa naissance.
Crois-tu qu'on ait des sentiments si doux
Pour ceux qui sont trop au-dessus de nous?
A cette erreur trop de raison s'oppose.

Non, je ne l'aime point... mais il est cause
Que l'ayant vu je ne puis à présent
En aimer d'autre... et c'est un grand tourment.

COLETTE.

Mais de tous ceux qui le suivaient, ma bonne,
Aucun n'a-t-il cajolé ta personne ?
J'avoûrai, moi, que l'on m'en a conté.

ACANTE.

Un étourdi prit quelque liberté ;
Il s'appelait le chevalier Gernance ;
Son fier maintien, ses airs, son insolence,
Me révoltaient, loin de m'en imposer.
Il fut surpris de se voir mépriser ;
Et, réprimant sa poursuite hardie,
Je lui fis voir combien la modestie
Etait plus fière, et pouvait d'un coup-d'œil
Faire trembler l'impudence et l'orgueil.
Ce chevalier serait assez passable ;
Et d'autres mœurs l'auraient pu rendre aimable.
Ah ! la douceur est l'appât qui nous prend.
Que monseigneur, ô Ciel, est différent !

COLETTE.

Ce chevalier n'était donc guère sage ?
Ça, qui des deux te déplaît davantage,
De Mathurin ou de cet effronté ?

ACANTE.

Oh ! Mathurin... c'est sans difficulté.

COLETTE.

Mais monseigneur est bon : il est le maître ;

Pourrait-il pas te dépétrer du traître ?
Tu me parais si belle !
ACANTE.
Hélas !
COLETTE.
Je croi
Que tu pourras mieux réussir que moi.
ACANTE.
Est-il bien vrai qu'il arrive ?
COLETTE.
Sans doute,
Car on le dit.
ACANTE.
Penses-tu qu'il m'écoute ?
COLETTE.
J'en suis certaine, et je retiens ma part
De ses bontés.
ACANTE.
Nous le verrons trop tard ;
Il n'arrivera point ; on me fiance :
Tout est conclu, je suis sans espérance.
Berthe est terrible en sa mauvaise humeur ;
Mathurin presse, et je meurs de douleur.
COLETTE.
Eh, moque-toi de Berthe.
ACANTE.
Hélas ! Dormène,
Si je lui parle, entrera dans ma peine.
Je veux prier Dormène de m'aider
De son appui, qu'elle daigne accorder

Aux malheureux : cette dame est si bonne !
Laure surtout, cette vieille personne,
Qui m'a toujours montré tant d'amitié,
De moi sans doute aura quelque pitié ;
Car sais-tu bien que cette dame Laure
Très-tendrement de ses bontés m'honore ?
Entre ses bras elle me tient souvent ;
Elle m'instruit, et pleure en m'instruisant.

COLETTE.

Pourquoi pleurer ?

ACANTE.

Mais de ma destinée :
Elle voit bien que je ne suis pas née
Pour Mathurin... Crois-moi, Colette, allons
Lui demander des conseils, des leçons...
Veux-tu me suivre ?

COLETTE.

Ah ! oui, ma chère Acante,
Enfuyons-nous ; la chose est très-prudente.
Viens ; je connais des chemins détournés,
Tout près d'ici.

SCÈNE IV.

ACANTE, COLETTE, BERTHE, DIGNANT, MATHURIN.

BERTHE, *arrêtant Acante.*

Quel chemin vous prenez !
Etes-vous folle ? et quand on doit se rendre
A son devoir, faut-il se faire attendre ?
Quelle indolence ! et quel air de froideur !
Vous me glacez ; votre mauvaise humeur

ACTE II, SCÈNE IV.

Jusqu'à la fin vous sera reprochée.
On vous marie, et vous êtes fâchée !
Hom, l'idiote ! Allons, çà, Mathurin,
Soyez le maître, et donnez-lui la main.

MATHURIN *approche sa main et veut l'embrasser.*

Ah ! palsandié...

BERTHE.

Voyez la malhonnête !
Elle rechigne, et détourne la tête !

ACANTE.

Pardon, mon père, hélas ! vous excusez
Mon embarras, vous le favorisez ;
Et vous sentez quelle douleur amère
Je dois souffrir en quittant un tel père.

BERTHE.

Et rien pour moi ?

MATHURIN.

Ni rien pour moi non plus ?

COLETTE.

Non, rien, méchant ; tu n'auras qu'un refus.

MATHURIN.

On me fiance.

COLETTE.

Et va, va, fiançailles
Assez souvent ne sont pas épousailles.
Laisse-moi faire.

DIGNANT.

Eh ! qu'est-ce que j'entends ?
C'est un courrier : c'est je pense un des gens
De monseigneur ; oui, c'est le vieux Champagne.

SCÈNE V.

LES PRÉCÉDENTS, CHAMPAGNE.

CHAMPAGNE.

Oui, nous avons terminé la campagne ;
Nous avons sauvé Metz, mon maître et moi ;
Et nous aurons la paix. Vive le roi !
Vive mon maître !... il a bien du courage ;
Mais il est trop sérieux pour son âge :
J'en suis fâché. Je suis bien aise aussi,
Mon vieux Dignant, de te trouver ici :
Tu me parais en grande compagnie.

DIGNANT.

Oui... vous serez de la cérémonie.
Nous marions Acante.

CHAMPAGNE.

Bon ! tant mieux !
Nous danserons, nous serons tous joyeux.
Ta fille est belle... Ha, ha, c'est toi, Colette !
Ma chère enfant, ta fortune est donc faite ?
Mathurin est ton mari ?

COLETTE.

Mon Dieu, non.

CHAMPAGNE.

Il fait fort mal.

COLETTE.

Le traître, le fripon,
Croit dans l'instant prendre Acante pour femme.

ACTE II, SCÈNE V.

CHAMPAGNE.

Il fait fort bien; je réponds sur mon ame
Que cet hymen à mon maître agréera,
Et que la noce à ses frais se fera.

ACANTE.

Comment! il vient?

CHAMPAGNE.

      Peut-être ce soir même.

DIGNANT.

Quoi! ce seigneur, ce bon maître que j'aime,
Je puis le voir encore avant ma mort?
S'il est ainsi, je bénirai mon sort.

ACANTE.

Puisqu'il revient, permettez, mon cher père,
De vous prier, devant ma belle-mère,
De vouloir bien ne rien précipiter
Sans son aveu, sans l'oser consulter;
C'est un devoir dont il faut qu'on s'acquitte;
C'est un respect sans doute qu'il mérite.

MATHURIN.

Foin du respect.

DIGNANT.

      Votre avis est sensé;
Et comme vous en secret j'ai pensé.

MATHURIN.

Et moi, l'ami, je pense le contraire.

COLETTE, *à Acante.*

Bon, tenez ferme.

MATHURIN.

      Est un sot qui diffère.

Je ne veux point soumettre mon honneur,
Si je le puis, à ce droit du seigneur.
BERTHE.
Eh! pourquoi tant s'effaroucher? la chose
Est bonne au fond, quoique le monde en cause,
Et notre honneur ne peut s'en tourmenter.
J'en fis l'épreuve; et je puis protester
Qu'à mon devoir quand je me fus rendue
On s'en alla dès l'instant qu'on m'eut vue.
COLETTE.
Je le crois bien.
BERTHE.
Cependant la raison
Doit conseiller de fuir l'occasion.
Hâtons la noce, et n'attendons personne.
Préparez tout, mon mari, je l'ordonne.
MATHURIN.
(A Colette, en s'en allant.)
C'est très-bien dit. Eh bien! l'aurai-je enfin?
COLETTE.
Non, tu ne l'auras pas, non, Mathurin.
(Ils sortent.)
CHAMPAGNE.
Oh, oh! nos gens viennent en diligence.
Eh quoi! déjà le chevalier Gernance?

SCÈNE VI.

LE CHEVALIER, CHAMPAGNE.

CHAMPAGNE.
Vous êtes fin, monsieur le chevalier ;
Très-à-propos vous venez le premier.
Dans tous vos faits votre beau talent brille.
Vous vous doutez qu'on marie une fille :
Acante est belle, au moîns.
LE CHEVALIER.
　　　　　　Eh ! oui vraiment,
Je la connais : j'apprends en arrivant
Que Mathurin se donne l'insolence
De s'appliquer ce bijou d'importance ;
Mon bon destin nous a fait accourir
Pour y mettre ordre : il ne faut pas souffrir
Qu'un riche rustre ait les tendres prémices
D'une beauté qui ferait les délices
Des plus huppés et des plus délicats.
Pour le marquis, il ne se hâte pas ;
C'est, je l'avoue, un grave personnage,
Pressé de rien, bien compassé, bien sage,
Et voyageant comme un ambassadeur.
Parbleu, jouons un tour à sa lenteur :
Tiens, il me vient une bonne pensée,
C'est d'enlever *presto* la fiancée,
De la conduire en quelque vieux château,
Quelque masure.

CHAMPAGNE.
Oui, le projet est beau.
LE CHEVALIER.
Un vieux château, vers la forêt prochaine,
Tout délabré, que possède Dormène
Avec sa vieille...
CHAMPAGNE.
Oui, c'est Laure, je crois.
LE CHEVALIER.
Oui.
CHAMPAGNE.
Cette vieille était jeune autrefois ;
Je m'en souviens, votre étourdi de père
Eut avec elle une certaine affaire,
Où chacun d'eux fit un mauvais marché.
Ma foi, c'était un maître débauché,
Tout comme vous, buvant, aimant les belles,
Les enlevant, et puis se moquant d'elles.
Il mangea tout, et ne vous laissa rien.
LE CHEVALIER.
J'ai le marquis, et c'est avoir du bien.
Sans nul souci je vis de ses largesses.
Je n'aime point l'embarras des richesses :
Est riche assez qui sait toujours jouir.
Le premier bien, crois-moi, c'est le plaisir.
CHAMPAGNE.
Et que ne prenez-vous cette Dormène ?
Bien plus qu'Acante elle en vaudrait la peine ;
Elle est très-fraîche, elle est de qualité ;
Cela convient à votre dignité :

ACTE II, SCÈNE VI.

Laissez pour nous les filles du village.
LE CHEVALIER.
Vraiment Dormène est un très-doux partage;
C'est très-bien dit. Je crois que j'eus un jour,
S'il m'en souvient, pour elle un peu d'amour.
Mais, entre nous, elle sent trop sa dame.
On ne pourrait en faire que sa femme.
Elle est bien pauvre, et je le suis aussi;
Et pour l'hymen j'ai fort peu de souci.
Mon cher Champagne, il me faut une Acante;
Cette conquête est beaucoup plus plaisante :
Oui, cette Acante aujourd'hui m'a piqué.
Je me sentis, l'an passé, provoqué
Par ses refus, par sa petite mine.
J'aime à dompter cette pudeur mutine.
J'ai deux coquins, qui font trois avec toi,
Déterminés, alertes comme moi;
Nous tiendrons prêt à cent pas un carrosse,
Et nous fondrons tous quatre sur la noce.
Cela sera plaisant, j'en ris déjà.
CHAMPAGNE.
Mais croyez-vous que monseigneur rira?
LE CHEVALIER.
Il faudra bien qu'il rie, et que Dormène
En rie encor, quoique prude et hautaine;
Et je prétends que Laure en rie aussi.
Je viens de voir à cinq cents pas d'ici
Dormène et Laure en très-mince équipage,
Qui s'en allaient vers le prochain village,
Chez quelque vieille : il faut prendre ce temps.

CHAMPAGNE.

C'est bien pensé : mais vos déportements
Sont dangereux, je crois, pour ma personne.

LE CHEVALIER.

Bon! l'on se fâche, on s'apaise, on pardonne.
Tous les gens gais ont le don merveilleux
De mettre en train tous les gens sérieux.

CHAMPAGNE.

Fort bien.

LE CHEVALIER.

L'esprit le plus atrabilaire
Est subjugué, quand on cherche à lui plaire.
On s'épouvante, on crie, on fuit d'abord;
Et puis l'on soupe, et puis l'on est d'accord.

CHAMPAGNE.

On ne peut mieux : mais votre belle Acante
Est bien revêche.

LE CHEVALIER.

Et c'est ce qui m'enchante.
La résistance est un charme de plus;
Et j'aime assez une heure de refus.
Comment souffrir la stupide innocence
D'un sot tendron faisant la révérence,
Baissant les yeux, muette à mon aspect,
Et recevant mes faveurs par respect?
Mon cher Champagne, à mon dernier voyage,
D'Acante ici j'éprouvai le courage.
Va, sous mes lois je la ferai plier.
Rentre pour moi dans ton premier métier,

ACTE II, SCÈNE VI.

Sois mon trompette, et sonne les alarmes;
Point de quartier, marchons, alerte, aux armes;
Vite.

CHAMPAGNE.

Je crois que nous sommes trahis;
C'est du secours qui vient aux ennemis :
J'entends grand bruit, c'est monseigneur.

LE CHEVALIER.

N'importe :
Sois prêt ce soir à me servir d'escorte.

FIN DU SECOND ACTE.

ACTE TROISIÈME.

SCÈNE I.

LE MARQUIS, le chevalier GERNANCE.

LE MARQUIS.

Cher chevalier, que mon cœur est en paix!
Que mes regards sont ici satisfaits!
Que ce château qu'ont habité nos pères,
Que ces forêts, ces plaines me sont chères!
Que je voudrais oublier pour toujours
L'illusion, les manèges des cours!
Tous ces grands riens, ces pompeuses chimères,
Ces vanités, ces ombres passagères,
Au fond du cœur laissent un vide affreux.
C'est avec nous que nous sommes heureux.
Dans ce grand monde où chacun veut paraître,
On est esclave; et chez moi je suis maître.
Que je voudrais que vous eussiez mon goût!

LE CHEVALIER.

Eh! oui, l'on peut se réjouir partout,
En garnison, à la cour, à la guerre,
Long-temps en ville, et huit jours dans sa terre.

LE MARQUIS.

Que vous et moi nous sommes différents!

LE CHEVALIER.
Nous changerons peut-être avec le temps.
En attendant, vous savez qu'on apprête
Pour ce jour même une très-belle fête?
C'est une noce.
LE MARQUIS.
        Oui, Mathurin vraiment
Fait un beau choix; et mon contentement
Est tout acquis à ce doux mariage.
L'époux est riche, et sa maîtresse est sage;
C'est un bonheur bien digne de mes vœux,
En arrivant, de faire deux heureux.
LE CHEVALIER.
Acante encore en peut faire un troisième.
LE MARQUIS.
Je vous reconnais-là, toujours vous-même.
Mon cher parent, vous m'avez fait cent fois
Trembler pour vous par vos galants exploits.
Tout peut passer dans des villes de guerre;
Mais nous devons l'exemple dans ma terre.
LE CHEVALIER.
L'exemple du plaisir apparemment?
LE MARQUIS.
Au moins, mon cher, que ce soit prudemment;
Daignez en croire un parent qui vous aime.
Si vous n'avez du respect pour vous-même,
Quelque grand nom que vous puissiez porter,
Vous ne pourrez vous faire respecter.
Je ne suis pas difficile et sévère :
Mais, entre nous, songez que votre père,

Pour avoir pris le train que vous prenez,
Se vit au rang des plus infortunés,
Perdit ses biens, languit dans la misère,
Fit de douleur expirer votre mère,
Et près d'ici mourut assassiné.
J'étais enfant : son sort infortuné
Fut à mon cœur une leçon terrible
Qui se grava dans mon ame sensible.
Utilement témoin de ses malheurs,
Je m'instruisais en répandant des pleurs.
Si comme moi cette fin déplorable
Vous eût frappé, vous seriez raisonnable.

LE CHEVALIER.

Oui, je veux l'être un jour, c'est mon dessein;
J'y pense quelquefois, mais c'est en vain :
Mon feu m'emporte.

LE MARQUIS.

Eh bien! je vous présage
Que vous serez las du libertinage.

LE CHEVALIER.

Je le voudrais, mais on fait comme on peut :
Ma foi, n'est pas raisonnable qui veut.

LE MARQUIS.

Vous vous trompez. De son cœur on est maître;
J'en fis l'épreuve : est sage qui veut l'être;
Et croyez-moi, cette Acante, entre nous,
Eut des attraits pour moi comme pour vous.
Mais ma raison ne pouvait me permettre
Un fol amour qui m'allait compromettre :
Je rejetai ce desir passager,

Dont la poursuite aurait pu m'affliger,
Dont le succès eût perdu cette fille,
Eût fait sa honte aux yeux de sa famille,
Et l'eût privée à jamais d'un époux.
####### LE CHEVALIER.
Je ne suis pas si timide que vous.
La même pâte, il faut que j'en convienne,
N'a point formé votre branche et la mienne.
Quoi! vous pensez être dans tous les temps
Maître absolu de vos yeux, de vos sens?
####### LE MARQUIS.
Et pourquoi non?
####### LE CHEVALIER.
Très-fort je vous respecte;
Mais la sagesse est tant soit peu suspecte.
Les plus prudents se laissent captiver;
Et le vrai sage est encore à trouver.
Craignez surtout le titre ridicule
De philosophe.
####### LE MARQUIS.
O l'étrange scrupule!
Ce noble nom, ce nom tant combattu,
Que veut-il dire? amour de la vertu.
Le fat en raille avec étourderie;
Le sot le craint, le fripon le décrie :
L'homme de bien dédaigne les propos
Des étourdis, des fripons et des sots;
Et ce n'est pas sur les discours du monde
Que le bonheur et la vertu se fonde.
Ecoutez-moi. Je suis las aujourd'hui

Du train des cours, où l'on vit pour autrui ;
Et j'ai pensé, pour vivre à la campagne,
Pour être heureux, qu'il faut une compagne.
J'ai le projet de m'établir ici ;
Et je voudrais vous marier aussi.

LE CHEVALIER.

Très-humble serviteur.

LE MARQUIS.

Ma fantaisie
N'est pas de prendre une jeune étourdie.

LE CHEVALIER.

L'étourderie a du bon.

LE MARQUIS.

Je voudrais
Un esprit doux, plus que de doux attraits.

LE CHEVALIER.

J'aimerais mieux le dernier.

LE MARQUIS.

La jeunesse,
Les agréments, n'ont rien qui m'intéresse.

LE CHEVALIER.

Tant pis.

LE MARQUIS.

Je veux affermir ma maison
Par un hymen qui soit tout de raison.

LE CHEVALIER.

Oui, tout d'ennui.

LE MARQUIS.

J'ai pensé que Dormène
Serait très-propre à former cette chaîne.

ACTE III, SCÈNE I.

LE CHEVALIER.

Notre Dormène est bien pauvre.

LE MARQUIS.

Tant mieux.
C'est un bonheur si pur, si précieux,
De relever l'indigente noblesse,
De préférer l'honneur à la richesse !
C'est l'honneur seul qui chez nous doit former
Tout notre sang : lui seul doit animer
Ce sang reçu de nos braves ancêtres,
Qui dans les camps doit couler pour ses maîtres.

LE CHEVALIER.

Je pense ainsi : les Français libertins
Sont gens d'honneur. Mais, dans vos beaux desseins,
Vous avez donc, malgré votre réserve,
Un peu d'amour ?

LE MARQUIS.

Qui, moi ? Dieu m'en préserve !
Il faut savoir être maître chez soi ;
Et si j'aimais, je recevrais la loi.
Se marier par amour, c'est folie.

LE CHEVALIER.

Ma foi, marquis, votre philosophie
Me paraît toute à rebours du bon sens.
Pour moi, je crois au pouvoir de nos sens ;
Je les consulte en tout ; et j'imagine
Que tous ces gens si graves par la mine,
Pleins de morale et de réflexions,
Sont destinés aux grandes passions.

Les étourdis esquivent l'esclavage ;
Mais un coup-d'œil peut subjuguer un sage.

LE MARQUIS.

Soit ; nous verrons.

LE CHEVALIER.

     Voici d'autres époux ;
Voici la noce : allons, égayons-nous.
C'est Mathurin, c'est la gentille Acante ;
C'est le vieux père, et la mère, et la tante ;
C'est le bailli, Colette, et tout le bourg.

SCÈNE II.

LE MARQUIS, LE CHEVALIER ; LE BAILLI, *à la tête des habitants.*

LE MARQUIS.

J'en suis touché. Bonjour, enfants, bonjour.

LE BAILLI.

Nous venons tous avec conjouissance
Nous présenter devant votre excellence,
Comme les Grecs jadis devant Cyrus...
Comme les Grecs...

LE MARQUIS.

    Les Grecs sont superflus.
Je suis Picard ; je revois avec joie
Tous mes vassaux.

LE BAILLI.

    Les Grecs, de qui la proie...

LE CHEVALIER.

Ah, finissez !... Notre gros Mathurin,
La belle Acante est votre proie enfin ?

ACTE III, SCÈNE II.

MATHURIN.

Oui-da, Monsieur, la fiançaille est faite ;
Et nous prions que monseigneur permette
Qu'on nous finisse.

COLETTE.

Oh ! tu ne l'auras pas ;
Je te le dis, tu me demeureras.
Oui, Monseigneur, vous me rendrez justice ;
Vous ne souffrirez pas qu'il me trahisse :
Il m'a promis...

MATHURIN.

Bon ! j'ai promis en l'air.

LE MARQUIS.

Il faut, bailli, tirer la chose au clair.
A-t-il promis ?

LE BAILLI.

La chose est constatée.
Colette est folle, et je l'ai déboutée.

COLETTE.

Ça n'y fait rien, et monseigneur saura
Qu'on force Acante à ce beau marché-là,
Qu'on la maltraite, et qu'on la violente
Pour épouser.

LE MARQUIS.

Est-il vrai, belle Acante ?

ACANTE.

Je dois d'un père, avec raison chéri,
Suivre les lois ; il me donne un mari.

MATHURIN.

Vous voyez bien qu'en effet elle m'aime.

LE MARQUIS.

Sa réponse est d'une prudence extrême;
Eh bien! chez moi la noce se fera.

LE CHEVALIER.

Bon, bon, tant mieux.

LE MARQUIS, *à Acante.*

Votre père verra
Que j'aime en lui la probité, le zèle,
Et les travaux d'un serviteur fidèle.
Votre sagesse, à mes yeux satisfaits,
Augmente encor le prix de vos attraits.
Comptez, amis, qu'en faveur de la fille
Je prendrai soin de toute la famille.

COLETTE.

Et de moi donc?

LE MARQUIS.

De vous, Colette, aussi.
Cher chevalier, retirons-nous d'ici;
Ne troublons point leur naïve allégresse.

LE BAILLI.

Et votre droit, Monseigneur; le temps presse.

MATHURIN.

Quel chien de droit! Ah! me voilà perdu.

COLETTE.

Va, tu verras.

BERTHE.

Mathurin, que crains-tu?

LE MARQUIS.

Vous aurez soin, Baillif, en homme sage,
D'arranger tout, suivant l'antique usage;

ACTE III, SCÈNE II.

D'un si beau droit je veux m'autoriser
Avec décence, et n'en point abuser.

LE CHEVALIER.

Ah, quel Caton! mais mon Caton, je pense,
La suit des yeux, et non sans complaisance.
Mon cher cousin...

LE MARQUIS.

Eh bien?

LE CHEVALIER.

Gageons tous deux
Que vous allez devenir amoureux.

LE MARQUIS.

Moi, mon cousin!

LE CHEVALIER.

Oui, vous.

LE MARQUIS.

L'extravagance!

LE CHEVALIER.

Vous le serez; j'en ris déjà d'avance.
Gageons, vous dis-je, une discrétion *.

LE MARQUIS.

Soit.

LE CHEVALIER.

Vous perdrez.

LE MARQUIS.

Soyez bien sûr que non.

* *Un enjeu.*

SCÈNE III.

LE BAILLI, LES AUTRES PERSONNAGES.

MATHURIN.

Que disent-ils?

LE BAILLI.

Ils disent que sur l'heure
Chacun s'en aille, et qu'Acante demeure.

MATHURIN.

Moi, que je sorte!

LE BAILLI.

Oui, sans doute.

COLETTE.

Oui, fripon.

Oh! nous aimons la loi, nous.

MATHURIN, *au bailli.*

Mais doit-on...?

BERTHE.

Eh quoi, benêt, te voilà bien à plaindre!

DIGNANT.

Allez; d'Acante on n'aura rien à craindre.
Trop de vertu règne au fond de son cœur;
Et notre maître est tout rempli d'honneur.

(*A Acante.*)

Quand près de vous il daignera se rendre,
Quand sans témoin il pourra vous entendre,
Remettez-lui ce paquet cacheté :

(*Lui donnant des papiers cachetés.*)

C'est un devoir de votre piété;

ACTE III, SCÈNE III.

N'y manquez pas... O fille toujours chère!...
Embrassez-moi.

ACANTE.

Tous vos ordres, mon père,
Seront suivis; ils sont pour moi sacrés :
Je vous dois tout... D'où vient que vous pleurez?

DIGNANT.

Ah! je le dois... de vous je me sépare,
C'est pour jamais : mais si le Ciel avare,
Qui m'a toujours refusé ses bienfaits,
Pouvait sur vous les verser désormais;
Si votre sort est digne de vos charmes,
Ma chère enfant, je dois sécher mes larmes.

BERTHE.

Marchons, marchons; tous ces beaux compliments
Sont pauvretés qui font perdre du temps.
Venez, Colette.

COLETTE, *à Acante.*

Adieu, ma chère amie.
Je recommande à votre prud'hommie
Mon Mathurin; vengez-moi des ingrats.

ACANTE.

Le cœur me bat... Que deviendrai-je? hélas!

SCÈNE IV.

LE BAILLI, MATHURIN, ACANTE.

MATHURIN.

Je n'aime point cette cérémonie,
Maître Bailli; c'est une tyrannie.

LE BAILLI.

C'est la condition, *sine quâ non.*

MATHURIN.

Sine quâ non; quel diable de jargon!
Morbleu, ma femme est à moi.

LE BAILLI.

Pas encore :
Il faut premier * que monseigneur l'honore
D'un entretien, selon les nobles us
En ce châtel de tous les temps reçus.

MATHURIN.

Ces maudits us, quels sont-ils?

LE BAILLI.

L'épousée
Sur une chaise est sagement placée;
Puis monseigneur, dans un fauteuil à bras,
Vient vis-à-vis se camper à six pas.

MATHURIN.

Quoi, pas plus loin?

LE BAILLI.

C'est la règle.

MATHURIN.

Allons, passe.
Et puis après?

LE BAILLI.

Monseigneur avec grâce
Fait un présent de bijoux, de rubans,
Comme il lui plaît.

MATHURIN.

Passe pour des présents.

* *D'abord.*

ACTE III, SCÈNE IV.

LE BAILLI.

Puis il lui parle; il vous la considère;
Il examine à fond son caractère;
Puis il l'exhorte à la vertu.

MATHURIN.

     Fort bien;
Et quand finit, s'il vous plaît, l'entretien?

LE BAILLI.

Expressément la loi veut qu'on demeure,
Pour l'exhorter, l'espace d'un quart d'heure.

MATHURIN.

Un quart d'heure est beaucoup. Et le mari
Peut-il au moins se tenir près d'ici,
Pour écouter sa femme?

LE BAILLI.

     La loi porte
Que s'il osait se tenir à la porte,
Se présenter avant le temps marqué,
Faire du bruit, se tenir pour choqué,
S'émanciper à sottises pareilles,
On fait couper sur-le-champ ses oreilles.

MATHURIN.

La belle loi! les beaux droits que voilà!
Et ma moitié ne dit mot à cela?

ACANTE.

Moi, j'obéis, et je n'ai rien à dire.

LE BAILLI.

Déniche; il faut qu'un mari se retire :
Point de raisons.

MATHURIN, *sortant.*

Ma femme heureusement
N'a point d'esprit; et son air innocent,
Sa conversation ne plaira guère.

LE BAILLI.

Veux-tu partir?

MATHURIN.

Adieu donc, ma très-chère;
Songe surtout au pauvre Mathurin,
Ton fiancé.

(*Il sort.*)

ACANTE.

J'y songe avec chagrin.
Quelle sera cette étrange entrevue?
La peur me prend; je suis toute éperdue.

LE BAILLI.

Asseyez-vous; attendez en ce lieu
Un maître aimable et vertueux. Adieu.

SCÈNE V.

ACANTE, *seule.*

Il est aimable... ah! je le sais sans doute.
Pourrai-je, hélas! mériter qu'il m'écoute?
Entrera-t-il dans mes vrais intérêts,
Dans mes chagrins et dans mes torts secrets?
Il me croira du moins fort imprudente
De refuser le sort qu'on me présente,
Un mari riche, un état assuré.
Je le prévois, je ne remporterai

ACTE III, SCÈNE V.

Que des refus avec bien peu d'estime :
Je vais déplaire à ce cœur magnanime ;
Et si mon ame avait osé former
Quelque souhait, c'est qu'il pût m'estimer.
Mais pourra-t-il me blâmer de me rendre
Chez cette dame et si noble et si tendre,
Qui fuit le monde, et qu'en ce triste jour
J'implorerai pour le fuir à mon tour?...
Où suis-je?... on ouvre!... à peine j'envisage
Celui qui vient... je ne vois qu'un nuage.

SCÈNE VI.

LE MARQUIS, ACANTE.

LE MARQUIS.

Asseyez-vous. Lorsqu'ici je vous vois,
C'est le plus beau, le plus cher de mes droits.
J'ai commandé qu'on porte à votre père
Les faibles dons qu'il convient de vous faire ;
Ils paraîtront bien indignes de vous.

ACANTE, *s'asseyant*.

Trop de bontés se répandent sur nous :
J'en suis confuse ; et ma reconnaissance
N'a pas besoin de tant de bienfaisance.
Mais avant tout il est de mon devoir
De vous prier de daigner recevoir
Ces vieux papiers, que mon père présente
Très-humblement.

LE MARQUIS, *les mettant dans sa poche*.

Donnez-les, belle Acante ;

Je les lirai; c'est sans doute un détail
De mes forêts : ses soins et son travail
M'ont toujours plu; j'aurai de sa vieillesse
Les plus grands soins; comptez sur ma promesse.
Mais est-il vrai qu'il vous donne un époux
Qui, vous causant d'invincibles dégoûts,
De votre hymen rend la chaîne odieuse?
J'en suis fâché... Vous deviez être heureuse.

ACANTE.

Ah! je le suis un moment, Monseigneur,
En vous parlant, en vous ouvrant mon cœur;
Mais tant d'audace est-elle ici permise?

LE MARQUIS.

Ne craignez rien; parlez avec franchise;
Tous vos secrets seront en sûreté.

ACANTE.

Qui douterait de votre probité?
Pardonnez donc à ma plainte importune.
Ce mariage aurait fait ma fortune,
Je le sais bien; et j'avoûrai surtout
Que c'est trop tard expliquer mon dégoût;
Que, dans les champs élevée et nourrie,
Je ne dois point dédaigner une vie
Qui sous vos lois me retient pour jamais,
Et qui m'est chère encor par vos bienfaits.
Mais, après tout, Mathurin, le village,
Ces paysans, leurs mœurs et leur langage,
Ne m'ont jamais inspiré tant d'horreur.
De mon esprit c'est une injuste erreur;

ACTE III, SCÈNE VI.

Je la combats : mais elle a l'avantage.
En frémissant je fais ce mariage.

LE MARQUIS, *approchant son fauteuil.*

Mais vous n'avez pas tort.

ACANTE, *à genoux.*

J'ose à genoux
Vous demander, non pas un autre époux,
Non d'autres nœuds, tous me seraient horribles;
Mais que je puisse avoir des jours paisibles :
Le premier bien serait votre bonté,
Et le second de tous, la liberté.

LE MARQUIS, *la relevant avec empressement.*

Eh! relevez-vous donc... Que tout m'étonne
Dans vos desseins, et dans votre personne,

(*Ils s'approchent.*)

Dans vos discours, si nobles, si touchants,
Qui ne sont point le langage des champs!
Je l'avoûrai, vous ne paraissez faite
Pour Mathurin ni pour cette retraite.
D'où tenez-vous, dans ce séjour obscur,
Un ton si noble, un langage si pur?
Partout on a de l'esprit; c'est l'ouvrage
De la nature, et c'est votre partage :
Mais l'esprit seul, sans éducation,
N'a jamais eu ni ce tour ni ce ton
Qui me surprend... je dis plus, qui m'enchante.

ACANTE.

Ah! que pour moi votre ame est indulgente!
Comme mon sort, mon esprit est borné.
Moins on attend, plus on est étonné.

LE MARQUIS.

Quoi! dans ces lieux la nature bizarre
Aura voulu mettre une fleur si rare,
Et le destin veut ailleurs l'enterrer!
Non, belle Acante, il vous faut demeurer.

(*Il s'approche.*)

ACANTE.

Pour épouser Mathurin?

LE MARQUIS.

Sa personne
Mérite peu la femme qu'on lui donne,
Je l'avoûrai.

ACANTE.

Mon père quelquefois
Me conduisait tout auprès de vos bois,
Chez une dame aimable et retirée,
Pauvre, il est vrai, mais noble et révérée,
Pleine d'esprit, de sentiments, d'honneur;
Elle daigne m'aimer : votre faveur,
Votre bonté peut me placer près d'elle.
Ma belle-mère est avare et cruelle :
Elle me hait; et je hais malgré moi
Ce Mathurin qui compte sur ma foi.
Voilà mon sort, vous en êtes le maître.
Je ne serai point heureuse peut-être :
Je souffrirai; mais je souffrirai moins
En devant tout à vos généreux soins.
Protégez-moi; croyez qu'en ma retraite
Je resterai toujours votre sujette.

ACTE III, SCÈNE VI.

LE MARQUIS.

Tout me surprend. Dites-moi, s'il vous plaît,
Celle qui prend à vous tant d'intérêt,
Qui vous chérit, ayant su vous connaître;
Serait-ce point Dormène?

ACANTE.

Oui.

LE MARQUIS.

Mais peut-être...
Il est aisé d'ajuster tout cela.
Oui... votre idée est très-bonne... oui, voilà
Un vrai moyen de rompre avec décence
Ce sot hymen, cette indigne alliance.
J'ai des projets... en un mot, voulez-vous
Près de Dormène un destin noble et doux?

ACANTE.

J'aimerais mieux la servir, servir Laure,
Laure si bonne, et qu'à jamais j'honore,
Manquer de tout, goûter dans leur séjour
Le seul bonheur de vous faire ma cour,
Que d'accepter la richesse importune
De tout mari qui ferait ma fortune.

LE MARQUIS.

Acante, allez... vous pénétrez mon cœur :
Oui, vous pourrez, Acante, avec honneur
Vivre auprès d'elle... et dans mon château même.

ACANTE.

Auprès de vous! ah Ciel!

LE MARQUIS, *s'approche un peu.*

Elle vous aime;

Elle a raison... J'ai, vous dis-je, un projet;
Mais je ne sais s'il aura son effet.
Et cependant vous voilà fiancée;
Et votre chaîne est déjà commencée,
La noce prête et le contrat signé.
Le Ciel voulut que je fusse éloigné,
Lorsqu'en ces lieux on parait la victime;
J'arrive tard, et je m'en fais un crime.

ACANTE.

Quoi! vous daignez me plaindre? ah! qu'à mes yeux
Mon mariage en est plus odieux!
Qu'il le devient chaque instant davantage!

LE MARQUIS. (*Ils s'approchent.*)

Mais, après tout, puisque de l'esclavage
(*Il s'approche.*)
Avec décence on pourra vous tirer...

ACANTE, *s'approchant un peu.*

Ah! le voudriez-vous?

LE MARQUIS.

J'ose espérer...
Que vos parents, la raison, la loi même,
Et plus encor votre mérite extrême...
(*Il s'approche encore.*)
Oui, cet hymen est trop mal assorti.
(*Elle s'approche.*)
Mais... le temps presse; il faut prendre un parti :
Ecoutez-moi...
(*Ils se trouvent tout près l'un de l'autre.*)

ACANTE.

Juste Ciel! si j'écoute!

SCÈNE VII.

LE MARQUIS, ACANTE, LE BAILLI, MATHURIN.

MATHURIN, *entrant brusquement.*

Je crains, ma foi, que l'on ne me déboute.
Entrons, entrons; le quart d'heure est fini.

ACANTE.

Eh quoi! si tôt?

LE MARQUIS, *tirant sa montre.*

Il est vrai, mon ami.

MATHURIN.

Maître Bailli, ces siéges sont bien proches :
Est-ce encore un des droits?

LE BAILLI.

Point de reproches,
Mais du respect.

MATHURIN.

Mon Dieu! nous en aurons;
Mais aurons-nous ma femme?

LE MARQUIS.

Nous verrons.

MATHURIN.

Ce *nous verrons* est d'un mauvais présage.
Qu'en dites-vous, Bailli?

LE BAILLI.

L'ami, sois sage.

MATHURIN.

Que je fis mal, ô Ciel! quand je naquis,
De naître, hélas! le vassal d'un marquis *!

(*Ils sortent.*)

SCÈNE VIII.

LE MARQUIS, *seul.*

Non, je ne perdrai point cette gageure...
Amoureux, moi! quel conte! ah, je m'assure
Que sur soi-même on garde un plein pouvoir :
Pour être sage, on n'a qu'à le vouloir.
Il est bien vrai qu'Acante est assez belle...
Et de la grâce! ah! nul n'en a plus qu'elle...
Et de l'esprit!... quoi! dans le fond des bois,
Pour avoir vu Dormène quelquefois,
Que de progrès! qu'il faut peu de culture
Pour seconder les dons de la nature!
J'estime Acante : oui, je dois l'estimer;
Mais, grâce au Ciel, je suis très-loin d'aimer :
A fuir l'amour j'ai mis toute ma gloire.

SCÈNE IX.

LE MARQUIS, DIGNANT, BERTHE, MATHURIN.

BERTHE.

Ah, voici bien, pardienne, une autre histoire!

LE MARQUIS.

Quoi?

---

* Voir les Variantes à la fin de la Pièce. La scène VIII du IIIe acte, y devient la Ire scène d'un IVe acte.

ACTE III, SCÈNE IX.

BERTHE.

Pour le coup, c'est le droit du seigneur :
On nous enlève Acante.

LE MARQUIS.

Ah!

BERTHE.

Votre honneur
Sera honteux de cette vilenie;
Et je n'aurais pas cru cette infamie
D'un grand seigneur si bon, si libéral.

LE MARQUIS.

Comment? qu'est-il arrivé?

BERTHE.

Bien du mal...
Savez-vous pas qu'à peine chez son père
Elle arrivait pour finir notre affaire,
Quatre coquins, alertes, bien tournés,
Effrontément me l'ont prise à mon nez,
Tout en riant, et vite l'ont conduite
Je ne sais où.

LE MARQUIS.

Qu'on aille à leur poursuite...
Holà! quelqu'un... ne perdez point de temps;
Allez, courez; que mes gardes, mes gens
De tous côtés marchent en diligence.
Volez, vous dis-je; et s'il faut ma présence,
J'irai moi-même.

BERTHE, *à son mari.*

Il parle tout de bon;
Et l'on croirait, mon cher, à la façon

Dont monseigneur regarde cette injure,
Que c'est à lui qu'on a pris la future.

LE MARQUIS.

Et vous son père, et vous qui l'aimiez tant,
Vous qui perdez une si chère enfant,
Un tel trésor, un cœur noble, un cœur tendre,
Avez-vous pu souffrir, sans la défendre,
Que de vos bras on osât l'arracher?
Un tel malheur semble peu vous toucher.
Que devient donc l'amitié paternelle?
Vous m'étonnez.

DIGNANT.

Mon cœur gémit sur elle :
Mais je me trompe, ou j'ai dû pressentir
Que par votre ordre on la faisait partir.

LE MARQUIS.

Par mon ordre?

DIGNANT.

Oui.

LE MARQUIS.

Quelle injure nouvelle!
Tous ces gens-ci perdent-ils la cervelle?
Allez-vous en, laissez-moi, sortez tous.
Ah! s'il se peut, modérons mon courroux...
Non, vous, restez.

MATHURIN.

Qui? moi?

LE MARQUIS, *à Dignant.*

Non, vous, vous dis-je.

SCÈNE X.

LE MARQUIS, *sur le devant;* DIGNANT, *au fond.*

LE MARQUIS.
Je vois d'où part l'attentat qui m'afflige.
Le chevalier m'avait presque promis
De se porter à des coups si hardis :
Il croit au fond que cette gentillesse
Est pardonnable au feu de sa jeunesse ;
Il ne sait pas combien j'en suis choqué.
A quel excès ce fou-là m'a manqué !
Jusqu'à quel point son procédé m'offense !
Il déshonore, il trahit l'innocence :
Voilà le prix de mon affection
Pour un parent indigne de mon nom !
Il est pétri des vices de son père ;
Il a ses traits, ses mœurs, son caractère ;
Il périra malheureux comme lui.
Je le renonce ; et je veux qu'aujourd'hui
Il soit puni de tant d'extravagance.

DIGNANT.
Puis-je en tremblant prendre ici la licence
De vous parler ?

LE MARQUIS.
　　　　Sans doute, tu le peux :
Parle-moi d'elle.

DIGNANT.
　　　　Au transport douloureux
Où votre cœur devant moi s'abandonne,

Je ne reconnais plus votre personne.
Vous avez lu ce qu'on vous a porté,
Ce gros paquet qu'on vous a présenté?
LE MARQUIS.
Eh! mon ami, suis-je en état de lire?
DIGNANT.
Vous me faites frémir.
LE MARQUIS.
     Que veux-tu dire?
DIGNANT.
Quoi! ce paquet n'est pas encore ouvert?
LE MARQUIS.
Non.
DIGNANT.
Juste Ciel! ce dernier coup me perd!
LE MARQUIS.
Comment!... j'ai cru que c'était un mémoire
De mes forêts.
DIGNANT.
   Hélas! vous deviez croire
Que cet écrit était intéressant.
LE MARQUIS.
Eh! lisons vite... Une table à l'instant;
Approchez donc cette table.
DIGNANT.
     Ah! mon maître!
Qu'aura-t-on fait, et qu'allez-vous connaître?
LE MARQUIS, *assis, examine le paquet.*
Mais ce paquet, qui n'est pas à mon nom,
Est cacheté des sceaux de ma maison?

ACTE III, SCÈNE X.

DIGNANT.

Oui.

LE MARQUIS.

Lisons donc.

DIGNANT.

    Cet étrange mystère
En d'autres temps aura de quoi vous plaire ;
Mais à présent il devient bien affreux.

LE MARQUIS, *lisant.*

Je ne vois rien jusqu'ici que d'heureux...
Je vois d'abord que le Ciel la fit naître
D'un sang illustre... et cela devait être.
Oui, plus je lis, plus je bénis les Cieux...
Quoi ! Laure a mis ce dépôt précieux
Entre vos mains ! quoi ! Laure est donc sa mère ?

DIGNANT.

Oui.

LE MARQUIS.

Mais pourquoi lui serviez-vous de père ?
Indignement pourquoi la marier ?

DIGNANT.

J'en avais l'ordre ; et j'ai dû vous prier
En sa faveur... Sa mère infortunée
A l'indigence était abandonnée,
Ne subsistant que des nobles secours
Que par mes mains vous versiez tous les jours.

LE MARQUIS.

Il est trop vrai : je sais bien que mon père
Fut envers elle autrefois trop sévère...
Quel souvenir !... que souvent nous voyons

D'affreux secrets dans d'illustres maisons!...
Je le savais : le père de Gernance
De Laure, hélas! séduisit l'innocence;
Et mes parents, par un zèle inhumain,
Avaient puni cet hymen clandestin.
Je lis, je tremble. Ah! douleur trop amère!
Mon cher ami, quoi! Gernance est son frère!

DIGNANT.

Tout est connu.

LE MARQUIS, *apercevant Gernance.*

Quoi! c'est lui que je vois!...
Ah! ce sera pour la dernière fois...
Sachons dompter le courroux qui m'anime.
Il semble, ô Ciel! qu'il connaisse son crime!
Que dans ses yeux je lis d'égarement!
Ah! l'on n'est pas coupable impunément.
Comme il rougit, comme il pâlit... le traître!
A mes regards il tremble de paraître.
C'est quelque chose.

SCÈNE XI.

LE MARQUIS, LE CHEVALIER.

LE CHEVALIER, *de loin se cachant le visage.*

Ah! Monsieur.

LE MARQUIS.

Est-ce vous?
Vous, malheureux!

LE CHEVALIER.

Je tombe à vos genoux...

ACTE III, SCÈNE XI.

LE MARQUIS.

Qu'avez-vous fait ?

LE CHEVALIER.

Une faute, une offense,
Dont je ressens l'indigne extravagance,
Qui pour jamais m'a servi de leçon,
Et dont je viens vous demander pardon.

LE MARQUIS.

Vous, des remords! vous! est-il bien possible ?

LE CHEVALIER.

Rien n'est plus vrai.

LE MARQUIS.

Votre faute est horrible
Plus que vous ne pensez : mais votre cœur
Est-il sensible à mes soins, à l'honneur,
A l'amitié? Vous sentez-vous capable
D'oser me faire un aveu véritable,
Sans rien cacher?

LE CHEVALIER.

Comptez sur ma candeur :
Je suis un libertin, mais point menteur;
Et mon esprit, que le trouble environne,
Est trop ému pour abuser personne.

LE MARQUIS.

Je prétends tout savoir.

LE CHEVALIER.

Je vous dirai
Que, de débauche et d'ardeur enivré,
Plus que d'amour, j'avais fait la folie
De dérober une fille jolie

Au possesseur de ses jeunes appas,
Qu'à mon avis il ne mérite pas.
Je l'ai conduite à la forêt prochaine,
Dans ce château de Laure et de Dormène :
C'est une faute, il est vrai, j'en convien ;
Mais j'étais fou, je ne pensais à rien.
Cette Dormène, et Laure sa compagne,
Etaient encor bien loin dans la campagne.
En étourdi je n'ai point perdu temps ;
J'ai commencé par des propos galants.
Je m'attendais aux communes alarmes,
Aux cris perçants, à la colère, aux larmes :
Mais qu'ai-je vu ! la fermeté, l'honneur,
L'air indigné, mais calme avec grandeur.
Tout ce qui fait respecter l'innocence,
S'armait pour elle, et prenait sa défense.
J'ai recouru, dans ces premiers moments,
A l'art de plaire, aux égards séduisants,
Aux doux propos, à cette déférence
Qui fait souvent pardonner la licence.
Mais pour réponse, Acante, à deux genoux,
M'a conjuré de la rendre chez vous ;
Et c'est alors que ses yeux, moins sévères,
Ont répandu des pleurs involontaires.

LE MARQUIS.

Que dites-vous ?

LE CHEVALIER.

Elle voulait en vain
Me les cacher de sa charmante main :
Dans cet état, sa grâce attendrissante

ACTE III, SCÈNE XI.

Enhardissait mon ardeur imprudente ;
Et, tout honteux de ma stupidité,
J'ai voulu prendre un peu de liberté.
Ciel! comme elle a tancé ma hardiesse!
Oui, j'ai cru voir une chaste déesse
Qui rejetait de son auguste autel
L'impur encens qu'offrait un criminel.

LE MARQUIS.

Ah! poursuivez.

LE CHEVALIER.

Comment se peut-il faire
Qu'ayant vécu presque dans la misère,
Dans la bassesse et dans l'obscurité,
Elle ait cet air et cette dignité,
Ces sentiments, cet esprit, ce langage,
Je ne dis pas au-dessus du village,
De son état, de son nom, de son sang,
Mais convenable au plus illustre rang?
Non, il n'est point de mère respectable
Qui, condamnant l'erreur d'un fils coupable,
Le rappelât avec plus de bonté
A la vertu dont il s'est écarté;
N'employant point l'aigreur et la colère,
Fière et décente, et plus sage qu'austère.
De vous surtout elle a parlé long-temps.

LE MARQUIS.

De moi?...

LE CHEVALIER.

Montrant à mes égarements
Votre vertu, qui devait, disait-elle,

Etre à jamais ma honte et mon modèle.
Tout interdit, plein d'un secret respect,
Que je n'avais senti qu'à son aspect,
Je suis honteux : mes fureurs se captivent.
Dans ce moment les deux dames arrivent;
Et, me voyant maître de leur logis,
Avec Acante et deux ou trois bandits,
D'un juste effroi leur ame s'est remplie :
La plus âgée en tombe évanouie.
Acante en pleurs la presse dans ses bras :
Elle revient des portes du trépas;
Alors sur moi fixant sa triste vue,
Elle retombe, et s'écrie éperdue :
Ah! je crois voir Gernance... c'est son fils,
C'est lui... je meurs... A ces mots je frémis;
Et la douleur, l'effroi de cette dame,
Au même instant ont passé dans mon ame.
Je tombe aux pieds de Dormène; et je sors,
Confus, soumis, pénétré de remords.

LE MARQUIS.

Ce repentir dont votre ame est saisie
Charme mon cœur, et nous réconcilie.
Tenez, prenez ce paquet important,
Lisez bien vite, et pesez mûrement...
Pauvre jeune homme! hélas! comme il soupire!...

(*Il lui montre l'endroit où il est dit qu'il est frère d'Acante.*)

Tenez, c'est-là, là surtout qu'il faut lire.

LE CHEVALIER.

Ma sœur! Acante!...

LE MARQUIS.

Oui, jeune libertin.

LE CHEVALIER.

Oh! par ma foi je ne suis pas devin...
Il faut tout réparer. Mais par l'usage
Je ne saurais la prendre en mariage.
Je suis son frère, et vous êtes cousin :
Payez pour moi.

LE MARQUIS.

Comment finir enfin
Honnêtement cette étrange aventure.
Ah! la voici... j'ai perdu la gageure.

SCÈNE XII.

LES PRÉCÉDENTS, ACANTE, COLETTE, DIGNANT.

ACANTE.

Où suis-je? hélas! et quel nouveau malheur!
Je vois mon père avec mon ravisseur!

DIGNANT.

Madame, hélas! vous n'avez plus de père.

ACANTE.

Madame, à moi! qu'entends-je? quel mystère!

LE MARQUIS.

Il est bien grand. Tout éprouve en ce jour
Les coups du sort, et surtout de l'amour.
Je me soumets à leur pouvoir suprême.
Eh! quel mortel fait son destin soi-même?...
Nous sommes tous, Madame, à vos genoux.
Au lieu d'un père, acceptez un époux.

ACANTE.

Ciel! est-ce un rêve?

LE MARQUIS.

On va tout vous apprendre:
Mais à nos vœux commencez par vous rendre,
Et par régner pour jamais sur mon cœur.

ACANTE.

Moi! comment croire un tel excès d'honneur.

LE MARQUIS.

Vous, libertin, je vais vous rendre sage;
Et dès demain je vous mets en ménage
Avec Dormène; elle s'y résoudra.

LE CHEVALIER.

J'épouserai tout ce qu'il vous plaira.

COLETTE.

Et moi donc?

LE MARQUIS.

Toi! ne crois pas, ma mignonne,
Qu'en faisant tous les lots je t'abandonne :
Ton Mathurin te quittait aujourd'hui;
Je te le donne; il t'aura malgré lui.
Tu peux compter sur une dot honnête....
Allons danser, et que tout soit en fête.
J'avais cherché la sagesse; et mon cœur,
Sans rien chercher, a trouvé le bonheur.

FIN DU DROIT DU SEIGNEUR.

VARIANTES
DU DROIT DU SEIGNEUR.

Nous avons cru devoir placer en entier dans les *Variantes* les deux derniers actes de cette Pièce, tels qu'on les trouve dans les premières Éditions. Par ce moyen, les lecteurs auront la pièce en trois actes et en cinq.

ACTE IV.
SCENE PREMIERE.

LE MARQUIS, *seul.*

Non, je ne perdrai point cette gageure.
Amoureux! moi! quel conte! ah, je m'assure
Que sur soi-même on garde un plein pouvoir;
Pour être sage, on n'a qu'à le vouloir.
Il est bien vrai qu'Acante est assez belle....
Et de la grâce! ah! nul n'en a plus qu'elle....
Et de l'esprit!.... Quoi, dans le fond des bois!
Pour avoir vu Dormène quelquefois,
Que de progrès! qu'il faut peu de culture
Pour seconder les dons de la nature!
J'estime Acante : oui, je dois l'estimer;
Mais, grâce au Ciel, je suis très-loin d'aimer.
    (*Il s'assied à une table.*)
Ah! respirons. Voyons, sur toute chose,
Quel plan de vie enfin je me propose....
De ne dépendre en ces lieux que de moi,
De n'en sortir que pour servir mon roi,

De m'attacher par un sage hyménée
Une compagne agréable et bien née,
Pauvre de bien, mais riche de vertu,
Dont la noblesse et le sort abattu
A mes bienfaits doivent des jours prospères.
Dormène seule a tous ces caractères :
Le Ciel pour moi la réserve aujourd'hui.
Allons la voir.... d'abord écrivons-lui
Un compliment.... mais que puis-je lui dire?
    (En se frappant le front avec la main.)
Acante est là qui m'empêche d'écrire;
Oui, je la vois : comment la fuir? par où?
    (Il se relève.)
Qui se croit sage, ô Ciel! est un grand fou.
Achevons donc.... Je me vaincrai sans doute.
    (Il finit sa lettre.)
Holà! quelqu'un.... Je sais bien qu'il en coûte.

SCENE II.

LE MARQUIS, UN DOMESTIQUE.

LE MARQUIS.
Tenez, portez cette lettre à l'instant.
    LE DOMESTIQUE.
Où?
    LE MARQUIS.
  Chez Acante.
    LE DOMESTIQUE.
        Acante? mais vraiment....
    LE MARQUIS.
Je n'ai point dit Acante; c'est Dormène
A qui j'écris.... on a bien de la peine
Avec ses gens.... tout le monde en ces lieux
Parle d'Acante; et l'oreille et les yeux
Sont remplis d'elle, et brouillent ma mémoire.

SCÈNE III.

LE MARQUIS, DIGNANT, BERTHE, MATHURIN.

MATHURIN.
Ah! voici bien, pardienne, une autre histoire!
LE MARQUIS.
Quoi?
MATHURIN.
Pour le coup, c'est le droit du seigneur :
On m'a volé ma femme.
BERTHE.
Oui, votre honneur
Sera honteux de cette vilenie ;
Et je n'aurais pas cru cette infamie
D'un grand seigneur si bon, si libéral.
LE MARQUIS.
Comment? qu'est-il arrivé?
BERTHE.
Bien du mal.
MATHURIN.
Vous le savez comme moi.
LE MARQUIS.
Parle, traître.
Parle.
MATHURIN.
Fort bien, vous vous fâchez, mon maître ;
Oh! c'est à moi d'être fâché.
LE MARQUIS.
Comment?
Explique-toi.
MATHURIN.
C'est un enlèvement.
Savez-vous pas qu'à peine chez son père
Elle arrivait pour finir notre affaire,
Quatre coquins, alertes, bien tournés,
Effrontément me l'ont prise à mon nez,

VARIANTES

Tout en riant, et vite l'ont conduite
Je ne sais où.

LE MARQUIS.

Qu'on aille à leur poursuite....
Holà! quelqu'un.... ne perdez point de temps;
Allez, courez; que mes gardes, mes gens
De tous côtés marchent en diligence.
Volez, vous dis-je, et s'il faut ma présence,
J'irai moi-même.

BERTHE, *à son mari.*

Il parle tout de bon;
Et l'on croirait, mon cher, à la façon
Dont monseigneur regarde cette injure,
Que c'est à lui qu'on a pris la future.

LE MARQUIS.

Et vous, son père, et vous, qui l'aimiez tant,
Vous, qui perdez une si chère enfant,
Un tel trésor, un cœur noble, un cœur tendre,
Avez-vous pu souffrir, sans la défendre,
Que de vos bras on osât l'arracher?
Un tel malheur semble peu vous toucher.
Que devient donc l'amitié paternelle?
Vous m'étonnez.

DIGNANT.

Tout mon cœur est pour elle,
C'est mon devoir; et j'ai dû pressentir
Que par votre ordre on la faisait partir.

LE MARQUIS.

Par mon ordre?

DIGNANT.

Oui.

LE MARQUIS.

Quelle injure nouvelle!
Tous ces gens-ci perdent-ils la cervelle?
Allez-vous-en, laissez-moi, sortez tous.
Ah! s'il se peut, modérons mon courroux....
Non; vous, restez.

DU DROIT DU SEIGNEUR.

MATHURIN.

Qui ? moi ?

LE MARQUIS, *à Dignant.*

Non ; vous, vous dis-je.

SCENE IV.

LE MARQUIS, *sur le devant;* DIGNANT, *au fond.*

LE MARQUIS.

Je vois d'où part l'attentat qui m'afflige
Le chevalier m'avait presque promis
De se porter à des coups si hardis.
Il croit au fond que cette gentillesse
Est pardonnable au feu de sa jeunesse.
Il ne sait pas combien j'en suis choqué.
A quel excès ce fou-là m'a manqué !
Jusqu'à quel point son procédé m'offense !
Il déshonore, il trahit l'innocence ;
Il perd Acante : et, pour percer mon cœur,
Je n'ai passé que pour son ravisseur !
Un étourdi, que la débauche anime,
Me fait porter la peine de son crime !
Voilà le prix de mon affection
Pour un parent indigne de mon nom !
Il est pétri des vices de son père ;
Il a ses traits, ses mœurs, son caractère ;
Il périra malheureux comme lui.
Je le renonce, et je veux qu'aujourd'hui
Il soit puni de tant d'extravagance.

DIGNANT.

Puis-je en tremblant prendre ici la licence
De vous parler ?

LE MARQUIS.

Sans doute, tu le peux.

Parle-moi d'elle.

DIGNANT.

Au transport douloureux
Où votre cœur devant moi s'abandonne.
Je ne reconnais plus votre personne.

Vous avez lu ce qu'on vous a porté,
Ce gros paquet qu'on vous a présenté?...
            LE MARQUIS.
Eh! mon ami, suis-je en état de lire?
            DIGNANT.
Vous me faites frémir.
            LE MARQUIS.
            Que veux-tu dire?
            DIGNANT.
Quoi! ce paquet n'est pas encore ouvert?
            LE MARQUIS.
Non.
            DIGNANT.
        Juste Ciel! ce dernier coup me perd!
            LE MARQUIS.
Comment?... j'ai cru que c'était un mémoire
De mes forêts.
            DIGNANT.
        Hélas! vous deviez croire
Que cet écrit était intéressant.
            LE MARQUIS.
Eh! lisons vite.... Une table à l'instant;
Approchez donc cette table.
            DIGNANT.
            Ah, mon maître!
Qu'aura-t-on fait, et qu'allez-vous connaître?
        LE MARQUIS *assis, examine le paquet.*
Mais ce paquet, qui n'est pas à mon nom,
Est cacheté des sceaux de ma maison?
            DIGNANT.
Oui.
            LE MARQUIS.
        Lisons donc.
            DIGNANT.
            Cet étrange mystère
En d'autres temps aurait de quoi vous plaire;
Mais à présent il devient bien affreux.
            LE MARQUIS, *lisant.*
Je ne vois rien jusqu'ici que d'heureux.

Je vois d'abord que le Ciel la fit naître
D'un sang illustre : et cela devait être.
Oui, plus je lis, plus je bénis les Cieux.
Quoi ! Laure a mis ce dépôt précieux
Entre vos mains ! quoi ! Laure est donc sa mère ?
Mais pourquoi donc lui serviez-vous de père ?
Indignement pourquoi la marier ?

DIGNANT.

J'en avais l'ordre, et j'ai dû vous prier
En sa faveur.

UN DOMESTIQUE.

En ce moment Dormène
Arrive ici, tremblante, hors d'haleine,
Fondant en pleurs : elle veut vous parler.

LE MARQUIS.

Ah ! c'est à moi de l'aller consoler.

SCÈNE V.

LE MARQUIS, DIGNANT, DORMÈNE.

LE MARQUIS, *à Dormène qui entre.*

Pardonnez-moi, j'allais chez vous, Madame,
Mettre à vos pieds le courroux qui m'enflamme.
Acante.... à peine encore entré chez moi,
J'attendais peu l'honneur que je reçoi....
Une aventure assez désagréable....
Me trouble un peu.... Que Gernance est coupable !

DORMÈNE.

De tous mes biens il me reste l'honneur ;
Et je ne doutais pas qu'un si grand cœur
Ne respectât le malheur qui m'opprime,
Et d'un parent ne détestât le crime.
Je ne viens point vous demander raison
De l'attentat commis dans ma maison....

LE MARQUIS.

Comment ? chez vous ?

DORMÈNE.

C'est dans ma maison même
Qu'il a conduit le triste objet qu'il aime.

VARIANTES

LE MARQUIS.

Le traître !

DORMÈNE.

Il est plus criminel cent fois
Qu'il ne croit l'être.... Hélas ! ma faible voix
En vous parlant expire dans ma bouche.

LE MARQUIS.

Votre douleur sensiblement me touche ;
Daignez parler, et ne redoutez rien.

DORMÈNE.

Apprenez donc...,

SCÈNE VI.

LE MARQUIS, DORMÈNE, DIGNANT, *quelques domestiques entrent précipitamment avec* MATHURIN.

MATHURIN.

Tout va bien, tout va bien,
Tout est en paix, la femme est retrouvée ;
Votre parent nous l'avait enlevée :
Il nous la rend ; c'est peut-être un peu tard.
Chacun son bien ; tudieu, quel égrillard !

LE MARQUIS, *à Dignant*.

Courez soudain recevoir votre fille ;
Qu'elle demeure au sein de sa famille.
Veillez sur elle ; ayez soin d'empêcher
Qu'aucun mortel ose s'en approcher.

MATHURIN.

Excepté moi ?

LE MARQUIS.

Non ; l'ordre que je donne
Est pour vous-même.

MATHURIN.

Ouais ! tout ceci m'étonne.

LE MARQUIS.

Obéissez....

MATHURIN.

Par ma foi, tous ces grands
Sont dans le fond de bien vilaines gens.
Droit du seigneur, femme que l'on enlève!
Défense à moi de lui parler.... Je crève.
Mais je l'aurai, car je suis fiancé :
Consolons-nous, tout le mal est passé.

(*Il sort.*)

LE MARQUIS.

Elle revient; mais l'injure cruelle
Du chevalier retombera sur elle;
Voilà le monde : et de tels attentats
Faits à l'honneur ne se réparent pas.

(*A Dormène.*)

Eh bien! parlez, parlez; daignez m'apprendre
Ce que je brûle et que je crains d'entendre :
Nous sommes seuls.

DORMÈNE.

Il le faut donc, Monsieur?
Apprenez donc le comble du malheur :
C'est peu qu'Acante, en secret étant née
De cette Laure, illustre infortunée,
Soit sous vos yeux prête à se marier
Indignement à ce riche fermier;
C'est peu qu'au poids de sa triste misère
On ajoutât ce fardeau nécessaire :
Votre parent qui voulait l'enlever,
Votre parent qui vient de nous prouver
Combien il tient de son coupable père,
Gernance enfin....

LE MARQUIS.

Gernance?

DORMÈNE.

Il est son frère.

LE MARQUIS.

Quel coup horrible! ô Ciel! qu'avez-vous dit?

DORMÈNE.

Entre vos mains vous avez cet écrit,

Qui montre assez ce que nous devons craindre :
Lisez, voyez combien Laure est à plaindre.
(*Le marquis lit.*)
C'est ma parente ; et mon cœur est lié
A tous ses maux que sent mon amitié.
Elle mourra de l'affreuse aventure
Qui sous ses yeux outrage la nature.
LE MARQUIS.
Ah! qu'ai-je lu! que souvent nous voyons
D'affreux secrets dans d'illustres maisons!
De tant de coups mon ame est oppressée ;
Je ne vois rien, je n'ai point de pensée.
Ah! pour jamais il faut quitter ces lieux :
Ils m'étaient chers, ils me sont odieux.
Quel jour pour nous! quel parti dois-je prendre?
Le malheureux ose chez moi se rendre!
Le voyez-vous?
DORMÈNE.
Ah! Monsieur, je le voi,
Et je frémis.
LE MARQUIS.
Il passe, il vient à moi.
Daignez rentrer, Madame, et que sa vue
N'accroisse pas le chagrin qui vous tue ;
C'est à moi seul de l'entendre ; et je crois
Que ce sera pour la dernière fois.
Sachons dompter le courroux qui m'anime.
(*En regardant de loin.*)
Il semble, ô Ciel! qu'il connaisse son crime.
Que dans ses yeux je lis d'égarement!
Ah! l'on n'est pas coupable impunément.
Comme il rougit! comme il pâlit!.... le traître!
A mes regards il tremble de paraître :
C'est quelque chose.
(*Tandis qu'il parle, Dormène se retire en regardant attentivement Gernance.*)

SCÈNE VII.

LE MARQUIS, LE CHEVALIER.

LE CHEVALIER, *de loin, se cachant le visage.*
Ah! Monsieur!
LE MARQUIS.
Est-ce vous?
Vous, malheureux!
LE CHEVALIER.
Je tombe à vos genoux....
LE MARQUIS.
Qu'avez-vous fait?
LE CHEVALIER.
Une faute, une offense,
Dont je ressens l'indigne extravagance,
Qui pour jamais m'a servi de leçon,
Et dont je viens vous demander pardon.
LE MARQUIS.
Vous, des remords! vous! est-il bien possible?
LE CHEVALIER.
Rien n'est plus vrai.
LE MARQUIS.
Votre faute est horrible
Plus que vous ne pensez : mais votre cœur
Est-il sensible à mes soins, à l'honneur,
A l'amitié? vous sentez-vous capable
D'oser me faire un aveu véritable,
Sans rien cacher?
LE CHEVALIER.
Comptez sur ma candeur :
Je suis un libertin, mais point menteur;
Et mon esprit, que le trouble environne,
Est trop ému pour abuser personne.
LE MARQUIS.
Je prétends tout savoir.

VARIANTES

LE CHEVALIER.

Je vous dirai
Que de débauche et d'ardeur enivré,
Plus que d'amour, j'avais fait la folie
De dérober une fille jolie
Au possesseur de ses jeunes appas,
Qu'à mon avis il ne mérite pas.
Je l'ai conduite à la forêt prochaine,
Dans ce château de Laure et de Dormène :
C'est une faute, il est vrai, j'en convien ;
Mais j'étais fou, je ne pensais à rien.
Cette Dormène, et Laure sa compagne,
Étaient encor bien loin dans la campagne.
En étourdi je n'ai point perdu temps ;
J'ai commencé par des propos galants.
Je m'attendais aux communes alarmes,
Aux cris perçants, à la colère, aux larmes ;
Mais qu'ai-je ouï! la fermeté, l'honneur,
L'air indigné, mais calme avec grandeur,
Tout ce qui fait respecter l'innocence
S'armait pour elle, et prenait sa défense.
J'ai recouru, dans ces premiers moments,
A l'art de plaire, aux égards séduisants,
Aux doux propos, à cette déférence
Qui fait souvent pardonner la licence.
Mais pour réponse, Acante à deux genoux
M'a conjuré de la rendre chez vous ;
Et c'est alors que ses yeux, moins sévères,
Ont répandu des pleurs involontaires.

LE MARQUIS.

Que dites-vous ?

LE CHEVALIER.

Elle voulait en vain
Me les cacher de sa charmante main :
Dans cet état, sa grâce attendrissante
Enhardissait mon ardeur imprudente ;
Et, tout honteux de ma stupidité,
J'ai voulu prendre un peu de liberté.

DU DROIT DU SEIGNEUR.

Ciel! comme elle a tancé ma hardiesse!
Oui, j'ai cru voir une chaste déesse
Qui rejetait de son auguste autel
L'impur encens qu'offrait un criminel.

LE MARQUIS.

Ah! poursuivez.

LE CHEVALIER.

Comment se peut-il faire
Qu'ayant vécu presque dans la misère,
Dans la bassesse et dans l'obscurité,
Elle ait cet air et cette dignité,
Ces sentiments, cet esprit, ce langage,
Je ne dis pas au-dessus du village,
De son état, de son nom, de son sang,
Mais convenable au plus illustre rang?
Non, il n'est point de mère respectable
Qui, condamnant l'erreur d'un fils coupable,
Le rappelât avec plus de bonté
A la vertu dont il s'est écarté;
N'employant point l'aigreur et la colère,
Fière et décente, et plus sage qu'austère.
De vous surtout elle a parlé long-temps....

LE MARQUIS.

De moi?....

LE CHEVALIER.

Montrant à mes égarements
Votre vertu, qui devait, disait-elle,
Être à jamais ma honte ou mon modèle.
Tout interdit, plein d'un secret respect,
Que je n'avais senti qu'à son aspect,
Je suis honteux : mes fureurs se captivent.
Dans ce moment les deux dames arrivent;
Et, me voyant maître de leur logis,
Avec Acante et deux ou trois bandits,
D'un juste effroi leur ame s'est remplie,
La plus âgée en tombe évanouie.
Acante en pleurs la presse dans ses bras :
Elle revient des portes du trépas.

Alors sur moi fixant sa triste vue,
Elle retombe, et s'écrie éperdue :
Ah! je crois voir Gernance.... c'est son fils,
C'est lui.... je meurs.... A ces mots je frémis;
Et la douleur, l'effroi de cette dame
Au même instant ont passé dans mon ame.
Je tombe aux pieds de Dormène, et je sors,
Confus, soumis, pénétré de remords.

LE MARQUIS.

Ce repentir dont votre ame est saisie
Charme mon cœur, et nous réconcilie.
Tenez, prenez ce paquet important,
Lisez-le seul, pesez-le mûrement;
Et si pour moi vous conservez, Gernance,
Quelque amitié, quelque condescendance,
Promettez-moi, lorsqu'Acante en ces lieux
Pourra paraître à vos coupables yeux,
D'avoir sur vous un assez grand empire
Pour lui cacher ce que vous allez lire.

LE CHEVALIER.

Oui, je vous le promets, oui.

LE MARQUIS.

Vous verrez
L'abîme affreux d'où vos pas sont tirés.

LE CHEVALIER.

Comment?

LE MARQUIS.

Allez, vous tremblerez, vous dis-je.

SCÈNE VIII.

LE MARQUIS, seul.

Quel jour pour moi! tout m'étonne et m'afflige.
La belle Acante est donc de ma maison!
Mais sa naissance avait flétri son nom;
Son noble sang fut souillé par son père :
Rien n'est plus beau que le nom de sa mère;

Mais ce beau nom a perdu tous ses droits
Par un hymen que réprouvent nos lois.
La triste Laure, ô pensée accablante!
Fut criminelle en faisant naître Acante;
Je le sais trop, l'hymen fut condamné :
L'amant de Laure est mort assassiné.
De maux cruels quel tissu lamentable!
Acante, hélas! n'en est pas moins aimable,
Moins vertueuse; et je sais que son cœur
Est respectable au sein du déshonneur ;
Il ennoblit la honte de ses pères;
Et cependant, ô préjugés sévères!
O loi du monde! injuste et dure loi!
Vous l'emportez....

SCÈNE IX.

LE MARQUIS, DORMÈNE.

LE MARQUIS.
Madame, instruisez-moi :
Parlez, Madame, avez-vous vu son frère?
DORMÈNE.
Oui, je l'ai vu ; sa douleur est sincère.
Il est bien étourdi ; mais, entre nous,
Son cœur est bon, il est conduit par vous.
LE MARQUIS.
Eh, mais Acante!
DORMÈNE.
Elle ne peut connaître
Jusqu'à présent le sang qui la fit naître.
LE MARQUIS.
Quoi! sa naissance illégitime!
DORMÈNE.
Hélas?
Il est trop vrai.
LE MARQUIS.
Non, elle ne l'est pas.

VARIANTES

DORMÈNE.

Que dites-vous?

LE MARQUIS, *relisant un papier qu'il a gardé*.
Sa mère était sans crime;
Sa mère au moins crut l'hymen légitime;
On la trompa; son destin fut affreux.
Ah! quelquefois le Ciel, moins rigoureux,
Daigne approuver ce qu'un monde profane
Sans connaissance avec fureur condamne.

DORMÈNE.

Laure n'est point coupable; et ses parents
Se sont conduits avec elle en tyrans.

LE MARQUIS.

Mais marier sa fille en un village!
A ce beau sang faire un pareil outrage!

DORMÈNE.

Elle est sans biens; l'âge, la pauvreté,
Un long malheur abaisse la fierté.

LE MARQUIS.

Elle est sans biens! votre noble courage
La recueillit.

DORMÈNE.

Sa misère partage
Le peu que j'ai.

LE MARQUIS.

Vous trouvez le moyen,
Ayant si peu, de faire encor du bien.
Riches et grands, que le monde contemple,
Imitez donc un si touchant exemple.
Nous contentons à grands frais nos desirs;
Sachons goûter de plus nobles plaisirs.
Quoi! pour aider l'amitié, la misère,
Dormène a pu s'ôter le nécessaire,
Et vous n'osez donner le superflu!
O juste Ciel! qu'avez-vous résolu?
Que faire enfin?

DORMÈNE.

Vous êtes juste et sage.
Votre famille a fait plus d'un outrage

Au sang de Laure; et ce sang généreux
Fut par vous seuls jusqu'ici malheureux.
LE MARQUIS.
Comment? comment?
DORMÈNE.
Le comte votre père,
Homme inflexible en son humeur sévère,
Opprima Laure, et fit par son crédit
Casser l'hymen; et c'est lui qui ravit
A cette Acante, à cette infortunée,
Les nobles droits du sang dont elle est née.
LE MARQUIS.
Ah! c'en est trop.... mon cœur est ulcéré.
Oui, c'est un crime.... il sera réparé,
Je vous le jure.
DORMÈNE.
Et que voulez-vous faire?
LE MARQUIS.
Je veux....
DORMÈNE.
Quoi donc?
LE MARQUIS.
Mais.... lui servir de père.
DORMÈNE.
Elle en est digne.
LE MARQUIS.
Oui.... mais je ne dois pas
Aller trop loin.
DORMÈNE.
Comment trop loin?
LE MARQUIS.
Hélas!....
Madame, un mot : conseillez-moi de grâce;
Que feriez-vous, s'il vous plaît, à ma place?
DORMÈNE.
En tous les temps je me ferais honneur
De consulter votre esprit, votre cœur.
LE MARQUIS.
Ah!....

DORMÈNE.

Qu'avez-vous?
LE MARQUIS.
Je n'ai rien.... mais, Madame,
En quel état est Acante?
DORMÈNE.
Son ame
Est dans le trouble, et ses yeux dans les pleurs.
LE MARQUIS.
Daignez m'aider à calmer ses douleurs.
Allons, j'ai pris mon parti : je vous laisse :
Soyez ici souveraine maîtresse;
Et pardonnez à mon esprit confus,
Un peu chagrin, mais plein de vos vertus.
(*Il sort.*)

SCÈNE X.

DORMÈNE, *seule.*

Dans cet état quel chagrin peut le mettre?
Qu'il est troublé! j'en juge par sa lettre;
Un style assez confus, des mots rayés,
De l'embarras, d'autres mots oubliés.
J'ai lu pourtant le mot de mariage.
Dans le pays il passe pour très-sage.
Il veut me voir, me parler, et ne dit
Pas un seul mot sur tout ce qu'il m'écrit!
Et pour Acante il paraît bien sensible!
Quoi! voudrait-il?.... cela n'est pas possible.
Aurait-il eu d'abord quelque dessein
Sur son parent?.... demandait-il ma main?
Le chevalier jadis m'a courtisée,
Mais qu'espérer de sa tête insensée?
L'amour encor n'est point connu de moi;
Je dus toujours en avoir de l'effroi;
Et le malheur de Laure est un exemple
Qu'en frémissant tous les jours je contemple :
Il m'avertit d'éviter tout lien :
Mais qu'il est triste, ô Ciel! de n'aimer rien!

ACTE V.

SCÈNE PREMIÈRE.

LE MARQUIS, LE CHEVALIER.

LE MARQUIS.
Faisons la paix, chevalier ; je confesse
Que tout mortel est pétri de faiblesse,
Que le sage est peu de chose : entre nous,
J'étais tout près de l'être moins que vous.

LE CHEVALIER.
Vous avez donc perdu votre gageure ?
Vous aimez donc ?

LE MARQUIS.
Oh non, je vous le jure :
Mais par l'hymen tout près de me lier,
Je ne veux plus jamais me marier.

LE CHEVALIER.
Votre inconstance est étrange et soudaine.
Passe pour moi : mais que dira Dormène ?
N'a-t-elle pas certains mots par écrit
Où par hasard le mot d'hymen se lit ?

LE MARQUIS.
Il est trop vrai ; c'est-là ce qui me gêne.
Je prétendais m'imposer cette chaîne ;
Mais à la fin, m'étant bien consulté,
Je n'ai de goût que pour la liberté.

LE CHEVALIER.
La liberté d'aimer ?

LE MARQUIS.
Eh bien, si j'aime,
Je suis encor le maître de moi-même,
Et je pourrai réparer tout le mal.
Je n'ai parlé d'hymen qu'en général,
Sans m'engager, et sans me compromettre.
Car en effet, si j'avais pu promettre,

Je ne pourrais balancer un moment :
A gens d'honneur promesse vaut serment.
Cher chevalier, j'ai conçu dans ma tête
Un beau dessein, qui paraît fort honnête,
Pour me tirer d'un pas embarrassant ;
Et tout le monde ici sera content.

LE CHEVALIER.

Vous moquez-vous ? contenter tout le monde !
Quelle folie !

LE MARQUIS.

En un mot, si l'on fronde
Mon changement, j'ose espérer au moins
Faire approuver ma conduite et mes soins.
Colette vient, par mon ordre on l'appelle ;
Je vais l'entendre, et commencer par elle.

SCÈNE II.

LE MARQUIS, LE CHEVALIER, COLETTE.

LE MARQUIS.

Venez, Colette.

COLETTE.

Oh ! j'accours, Monseigneur,
Prête en tout temps, et toujours de grand cœur.

LE MARQUIS.

Voulez-vous être heureuse ?

COLETTE.

Oui, sur ma vie ;
N'en doutez pas, c'est ma plus forte envie.
Que faut-il faire ?

LE MARQUIS.

En voici le moyen.
Vous voudriez un époux et du bien ?

COLETTE.

Oui, l'un et l'autre.

LE MARQUIS.

Eh bien donc, je vous donne
Trois mille francs pour la dot ; et j'ordonne
Que Mathurin vous épouse aujourd'hui.

COLETTE.

Ou Mathurin, ou tout autre que lui :
Qui vous voudrez, j'obéis sans réplique.
Trois mille francs ! ah ! l'homme magnifique !
Le beau présent ! que monseigneur est bon !
Que Mathurin va bien changer de ton !
Qu'il va m'aimer ! que je vais être fière !
De ce pays je serai la première :
Je meurs de joie.

LE MARQUIS.

Et j'en ressens aussi
D'avoir déjà pleinement réussi ;
L'une des trois est déjà fort contente :
Tout ira bien.

COLETTE.

Et mon amie Acante,
Que devient-elle ? On va la marier,
A ce qu'on dit, à ce beau chevalier.
Tout le monde est heureux : j'en suis charmée.
Ma chère Acante !

LE CHEVALIER, *en regardant le marquis.*

Elle doit être aimée,
Et le sera.

LE MARQUIS, *au chevalier.*

La voici ; je ne puis
La consoler en l'état où je suis.
Venez, je vais vous dire ma pensée.

(*Ils sortent.*)

SCÈNE III.

ACANTE, COLETTE.

COLETTE.

Ma chère Acante, on t'avait fiancée ;
Moi déboutée ; on me marie.

ACANTE.

A qui ?

COLETTE.

A Mathurin.
ACANTE.
Le ciel en soit béni !
Et depuis quand ?
COLETTE.
Eh ! depuis tout-à-l'heure.
ACANTE.
Est-il bien vrai ?
COLETTE.
Du fond de ma demeure
J'ai comparu par-devant monseigneur.
Ah ! la belle ame ! ah ! qu'il est plein d'honneur !
ACANTE.
Il l'est, sans doute !
COLETTE.
Oui, mon aimable Acante ;
Il m'a promis une dot opulente,
Fait ma fortune ; et tout le monde dit
Qu'il fait la tienne, et l'on s'en réjouit.
Tu vas, dit-on, devenir chevalière :
Cela te sied, car ton allure est fière.
On te fera dame de qualité,
Et tu me recevras avec bonté.
ACANTE.
Ma chère enfant, je suis fort satisfaite
Que ta fortune ait été sitôt faite.
Mon cœur ressent tout ton bonheur.... Hélas !
Elle est heureuse, et je ne le suis pas !
COLETTE.
Que dis-tu là ? qu'as-tu donc dans ton ame ?
Peut-on souffrir quand on est grande dame ?
ACANTE.
Va, ces seigneurs qui peuvent tout oser
N'enlèvent point, crois-moi, pour épouser.
Pour nous, Colette, ils ont des fantaisies,
Non de l'amour ; leurs démarches hardies,

Leurs procédés montrent avec éclat
Tout le mépris qu'ils font de notre état :
C'est ce dédain qui me met en colère.

COLETTE.

Bon, des dédains! c'est bien tout le contraire;
Rien n'est plus beau que ton enlèvement :
On t'aime, Acante, on t'aime assurément.
Le chevalier va t'épouser, te dis-je,
Tout grand seigneur qu'il est.... cela t'afflige?

ACANTE.

Mais monseigneur le marquis, qu'a-t-il dit?

COLETTE.

Lui? rien du tout.

ACANTE.

Hélas!

COLETTE.

C'est un esprit
Tout en dedans, secret, plein de mystère :
Mais il paraît fort approuver l'affaire.

ACANTE.

Du chevalier je déteste l'amour.

COLETTE.

Oui, oui, plains-toi de te voir en un jour
De Mathurin pour jamais délivrée,
D'un beau seigneur poursuivie, adorée;
Un mariage en un moment cassé
Par monseigneur, un autre commencé :
Si ce roman n'a pas de quoi te plaire,
Tu me parais difficile, ma chère....
Tiens, le vois-tu, celui qui t'enleva?
Il vient à toi; n'est-ce rien que cela?
T'ai-je trompée? es-tu donc tant à plaindre?

ACANTE.

Allons, fuyons.

VARIANTES

SCÈNE IV.

ACANTE, COLETTE, LE CHEVALIER.

LE CHEVALIER.
Demeurez sans me craindre :
Le marquis veut que je sois à vos pieds.
COLETTE, *à Acante.*
Qu'avais-je dit?
LE CHEVALIER, *à Acante.*
Eh quoi! vous me fuyez?
ACANTE.
Osez-vous bien paraître en ma présence?
LE CHEVALIER.
Oui, vous devez oublier mon offense;
Par moi, vous dis-je, il veut vous consoler.
ACANTE.
J'aimerais mieux qu'il daignât me parler.
(*A Colette qui veut s'en aller.*)
Ah! reste ici : ce ravisseur m'accable....
COLETTE.
Ce ravisseur est pourtant fort aimable.
LE CHEVALIER, *à Acante.*
Conservez-vous au fond de votre cœur
Pour ma présence une invincible horreur?
ACANTE.
Vous devez être en horreur à vous-même.
LE CHEVALIER.
Oui, je le suis; mais mon remords extrême
Répare tout, et doit vous apaiser.
Ma folle erreur avait pu m'abuser :
Je fus surpris par une indigne flamme;
Et mon devoir m'amène ici, Madame.
ACANTE.
Madame! à moi! quel nom vous me donnez!
Je sais l'état où mes parents sont nés.
COLETTE.
Madame!.... oh, oh! quel est donc ce langage?

DU DROIT DU SEIGNEUR.

ACANTE.

Cessez, Monsieur, ce titre est un outrage ;
C'est s'avilir que d'oser recevoir
Un faux honneur qu'on ne doit point avoir.
Je suis Acante, et mon nom doit suffire :
Il est sans tache.

LE CHEVALIER.

Ah ! que puis-je vous dire ?
Ce nom m'est cher : allez ; vous oublîrez
Mon attentat, quand vous me connaîtrez :
Vous trouverez très-bon que je vous aime.

ACANTE.

Qui ? moi, Monsieur ?

COLETTE, *à Acante.*

C'est son remords extrême.

LE CHEVALIER.

N'en riez point, Colette ; je prétends
Qu'elle ait pour moi les plus purs sentiments.

ACANTE.

Je ne sais pas quel dessein vous anime ;
Mais commencez par avoir mon estime.

LE CHEVALIER.

C'est le seul but que j'aurai désormais ;
J'en serai digne, et je vous le promets.

ACANTE.

Je le desire, et me plais à vous croire.
Vous êtes né pour connaître la gloire ;
Mais ménagez la mienne, et me laissez.

LE CHEVALIER.

Non, c'est en vain que vous vous offensez.
Je ne suis point amoureux, je vous jure ;
Mais je prétends rester.

COLETTE.

Bon, double injure.
Cet homme est fou, je l'ai pensé toujours.
Dormène vient, ma chère, à ton secours :
Démêle-toi de cette grande affaire ;
Ou donne grâce, ou garde ta colère.

VARIANTES

Ton rôle est beau, tu fais ici la loi ;
Tu vois les grands à genoux devant toi.
Pour moi, je suis condamnée au village :
On ne m'enlève point, et j'en enrage.
On vient, adieu ; suis ton brillant destin,
Et je retourne à mon gros Mathurin.
(*Elle sort.*)

SCÈNE V.

ACANTE, LE CHEVALIER, DORMÈNE, DIGNANT.

ACANTE.

Hélas ! Madame, une fille éperdue
En rougissant paraît à votre vue.
Pourquoi faut-il, pour combler ma douleur,
Que l'on me laisse avec mon ravisseur ?
Et vous aussi, vous m'accablez, mon père !
A ce méchant au lieu de me soustraire,
Vous m'amenez vous-même dans ces lieux ;
Je l'y revois ; mon maître fuit mes yeux.
Mon père, au moins c'est en vous que j'espère.

DIGNANT.

O cher objet ! vous n'avez plus de père !

ACANTE.

Que dites-vous ?

DIGNANT.

Non, je ne le suis pas.

DORMÈNE.

Non, mon enfant, de si charmants appas
Sont nés d'un sang dont vous êtes plus digne.
Préparez-vous au changement insigne
De votre sort, et surtout pardonnez
Au chevalier.

ACANTE.

Moi, Madame ?

DORMÈNE.

Apprenez,
Ma chère enfant, que Laure est votre mère.

ACANTE.

Elle !... Est-il vrai ?

DORMÈNE.

Gernance est votre frère.

LE CHEVALIER.

Oui, je le suis ; oui, vous êtes ma sœur.

ACANTE.

Ah ! je succombe. Hélas ! est-ce un bonheur ?

LE CHEVALIER.

Il l'est pour moi.

ACANTE.

De Laure je suis fille !
Et pourquoi donc faut-il que ma famille
M'ait tant caché mon état et mon nom ?
D'où peut venir ce fatal abandon ?
D'où vient qu'enfin, daignant me reconnaître,
Ma mère ici n'a point osé paraître ?
Ah ! s'il est vrai que le sang nous unit,
Sur ce mystère éclairez mon esprit.
Parlez, Monsieur, et dissipez ma crainte.

LE CHEVALIER.

Ces mouvements dont vous êtes atteinte
Sont naturels, et tout vous sera dit.

DORMÈNE.

Dans ce moment, Acante, il vous suffit
D'avoir connu quelle est votre naissance.
Vous me devez un peu de confiance.

ACANTE.

Laure est ma mère, et je ne la vois pas !

LE CHEVALIER.

Vous la verrez, vous serez dans ses bras.

DORMÈNE.

Oui, cette nuit je vous mène auprès d'elle.

ACANTE.

J'admire en tout ma fortune nouvelle.
Quoi ! j'ai l'honneur d'être de la maison
De monseigneur !

LE CHEVALIER.

Vous honorez son nom.

VARIANTES

ACANTE.

Abusez-vous de mon esprit crédule?
Et voulez-vous me rendre ridicule!
Moi de son sang?.ah! s'il était ainsi,
Il me l'eût dit; je le verrais ici.

DIGNANT.

Il m'a parlé.... je ne sais quoi l'accable;
Il est saisi d'un trouble inconcevable.

ACANTE.

Ah! je le vois.

SCÈNE VI.

ACANTE, DORMÈNE, DIGNANT, LE CHEVALIER,
LE MARQUIS, *au fond*.

LE MARQUIS, *au chevalier*.

Il ne sera pas dit
Que cette enfant ait troublé mon esprit:
Bientôt l'absence affermira mon ame.
(*Apercevant Dormène.*)
Ah pardonnez: vous étiez-là, Madame!

LE CHEVALIER.

Vous paraissez étrangement ému!

LE MARQUIS.

Moi? point du tout. Vous serez convaincu
Qu'avec sang-froid je règle ma conduite.
De son destin Acante est-elle instruite?

ACANTE.

Quel qu'il puisse être, il passe mes souhaits.
Je dépendrai de vous plus que jamais.

LE MARQUIS.

Permets, ô Ciel, qu'ici je puisse faire
Plus d'un heureux!

LE CHEVALIER.

C'est une grande affaire.
Je ferai, moi, tout ce que vous voudrez;
Je l'ai promis.

LE MARQUIS.

    Que vous m'obligerez !
(*A Dormène.*)
Belle Dormène, oubliez-vous l'offense,
L'égarement du coupable Gernance?

DORMÈNE.

Oui, tout est réparé.

LE MARQUIS.

     Tout ne l'est pas :
Votre grand nom, vos vertueux appas
Sont maltraités par l'aveugle fortune.
Je le sais trop ; votre ame non commune
N'a pas de quoi suffire à vos bienfaits :
Votre destin doit changer désormais.
Si j'avais pu d'un heureux mariage
Choisir pour moi l'agréable esclavage,
C'eût été vous (et je vous l'ai mandé)
Pour qui mon cœur se serait décidé.
Voudriez-vous, Madame, qu'à ma place
Le chevalier, pour mieux obtenir grâce,
Pour devenir à jamais vertueux,
Prît avec vous d'indissolubles nœuds?
Le meilleur frein pour ses mœurs, pour son âge,
Est une épouse aimable, noble et sage.
Daignerez-vous accepter un château
Environné d'un domaine assez beau?
Pardonnez-vous cette offre?

DORMÈNE.

     Ma surprise
Est si puissante, à tel point me maîtrise,
Que, ne pouvant encor me déclarer,
Je n'ai de voix que pour vous admirer.

LE CHEVALIER.

J'admire aussi : mais je fais plus, Madame,
Je vous soumets l'empire de mon ame.
A tous les deux je devrai mon bonheur :
Mais seconderez-vous mon bienfaiteur?

DORMÈNE.

Consultez-vous, méritez mon estime,

Et les bienfaits de ce cœur magnanime.
LE MARQUIS.
Et.... vous.... Acante....
ACANTE.
Eh bien, mon protecteur....
LE MARQUIS, *à part.*
Pourquoi tremblé-je en parlant?
ACANTE.
Quoi! Monsieur....
LE MARQUIS.
Acante.... vous.... qui venez de renaître,
Vous qu'une mère ici va reconnaître,
Vivez près d'elle; et de ses tristes jours
Adoucissez et prolongez le cours.
Vous commencez une nouvelle vie,
Avec un frère, une mère, une amie;
Je veux.... Souffrez qu'à votre mère, à vous,
Je fasse un sort indépendant et doux.
Votre fortune, Acante, est assurée;
L'acte est passé, vous vivrez honorée,
Riche.... contente.... autant que je le peux.
J'aurais voulu.... mais goûtez toutes deux,
Dormène et vous, les douceurs fortunées
Que l'amitié donne aux ames bien nées....
Un autre bien que le cœur peut sentir
Est dangereux.... Adieu.... je vais partir.
LE CHEVALIER.
Eh quoi! ma sœur, vous n'êtes point contente?
Quoi! vous pleurez?
ACANTE.
Je suis reconnaissante,
Je suis confuse.... Ah! c'en est trop pour moi.
Mais j'ai perdu plus que je ne reçoi....
Et ce n'est pas la fortune que j'aime....
Mon état change, et mon ame est la même;
Elle doit être à vous.... Ah! permettez
Que, le cœur plein de vos rares bontés,
J'aille oublier ma première misère,
J'aille pleurer dans le sein de ma mère.

LE MARQUIS.
De quel chagrin vos sens sont agités !
Qu'avez-vous donc? qu'ai-je fait?
ACANTE.
Vous partez.
DORMÈNE.
Ah ! qu'as-tu dit ?
ACANTE.
La vérité, Madame ;
La vérité plaît à votre belle ame.
LE MARQUIS.
Non, c'en est trop pour mes sens éperdus....
Acante....
ACANTE.
Hélas !...
LE MARQUIS.
Ne partirai-je plus?
LE CHEVALIER.
Mon cher parent, de Laure elle est la fille ;
Elle retrouve un frère, une famille ;
Et moi je trouve un mariage heureux.
Mais je vois bien que vous en ferez deux :
Vous payerez, la gageure est perdue.
LE MARQUIS.
Je vous l'avoue.... oui, mon ame est vaincue.
Dormène et Laure, Acante, et vous, et moi,
(*A Acante.*)
Soyons heureux.... Oui, recevez ma foi,
Aimable Acante ; allons, que je vous mène
Chez votre mère ; elle sera la mienne ;
Elle oublîra pour jamais son malheur.
ACANTE.
Ah! je tombe à vos pieds....
LE CHEVALIER.
Allons, ma sœur,
Je fus bien fou : son cœur fut insensible ;
Mais on n'est pas toujours incorrigible.

LE DÉPOSITAIRE,

COMÉDIE DE SOCIÉTÉ,

Jouée à la campagne en 1767.

PRÉFACE.

L'abbé de Chateauneuf, auteur du Dialogue sur la musique des anciens, ouvrage savant et agréable, rapporte, à la page 116, l'anecdote suivante :

« Molière nous cita mademoiselle Ninon de
« l'Enclos, comme la personne qu'il connaissait
« sur qui le ridicule faisait une plus prompte im-
« pression, et nous apprit qu'ayant été la veille
« lui lire son *Tartufe* (selon sa coutume de la
« consulter sur tout ce qu'il faisait), elle l'avait
« payé en même monnaie par le récit d'une aven-
« ture qui lui était arrivée avec un scélérat à-peu-
« près de cette espèce, dont elle lui fit le portrait
« avec des couleurs si vives et si naturelles, que
« si sa pièce n'eût pas été faite, nous disait-il, il
« ne l'aurait jamais entreprise; tant il se serait
« cru incapable de rien mettre sur le théâtre
« d'aussi parfait que le Tartufe de mademoiselle
« l'Enclos. »

Supposé que Molière ait parlé ainsi, je ne sais à quoi il pensait. Cette peinture d'un faux dévôt, si vive et si brillante dans la bouche de Ninon, aurait dû au contraire exciter Molière à composer sa comédie du *Tartufe,* s'il ne l'avait pas déjà faite. Un génie tel que le sien eût vu tout d'un coup, dans le simple récit de Ninon, de quoi construire son inimitable pièce, le chef-d'œuvre du bon comique, de la saine morale, et le tableau le plus vrai de la fourberie la plus dangereuse. D'ailleurs il y a, comme on sait, une prodigieuse différence entre raconter plaisamment, et intriguer une comédie supérieurement.

L'aventure dont parlait Ninon, pouvait fournir un bon conte, sans être la matière d'une bonne comédie.

Je me souviens qu'étant un jour dans la nécessité d'emprunter de l'argent d'un usurier, je trouvai deux crucifix sur sa table. Je lui demandai si c'étaient des gages de ses débiteurs; il me répondit que non, mais qu'il ne faisait jamais de marché qu'en présence du crucifix. Je lui repartis qu'en ce cas un seul suffisait, et que je lui conseillais de le placer entre les deux larrons. Il me traita d'impie, et me déclara qu'il ne me prêterait point d'argent. Je pris congé de lui; il courut après moi sur l'escalier, et me dit, en faisant le signe de la croix, que, si je pouvais l'assurer que je n'avais point eu de mauvaises intentions en lui parlant, il pourrait conclure mon affaire en conscience. Je lui répondis que je n'avais eu que de très-bonnes intentions. Il se résolut donc à me prêter sur gages à dix pour cent pour six mois, retint les intérêts par-devers lui ; et au bout des six mois il disparut avec mes gages, qui valaient quatre ou cinq fois l'argent qu'il m'avait prêté. La figure de ce galant homme, son ton de voix, toutes ses allures, étaient si comiques, qu'en les imitant j'ai fait rire quelquefois des convives à qui je racontais cette petite historiette. Mais certainement si j'en avais voulu faire une comédie, elle aurait été des plus insipides.

Il en est peut-être ainsi de la comédie du *Dépositaire*. Le fond de cette pièce est ce même conte que mademoiselle l'Enclos fit à Molière. Tout le monde sait que Gourville ayant confié une partie de son bien à cette fille si galante et si philosophe, et une autre à un homme qui passait pour très-dévôt, le dévôt garda le dépôt pour lui, et celle qu'on regardait comme peu scrupuleuse le rendit fidèlement sans y avoir touché.

Il y a aussi quelque chose de vrai dans l'aventure des deux frères. Mademoiselle l'Enclos racontait souvent qu'elle avait fait un honnête homme d'un jeune fanatique, à qui un fripon avait tourné la tête, et qui ayant été volé par des hypocrites, avait renoncé à eux pour jamais.

De tout cela on s'est avisé de faire une comédie, qu'on n'a jamais osé montrer qu'à quelques intimes amis. Nous ne la donnons pas comme un ouvrage bien théâtral; nous pensons même qu'elle n'est pas faite pour être jouée sur un grand théâtre. Les usages, le goût, sont trop changés depuis ce temps-là. Les mœurs bourgeoises semblent bannies du théâtre français. Il n'y a plus d'ivrognes dans la classe bourgeoise : c'est une mode qui était trop commune du temps de Ninon. On sait que Chapelle s'enivrait presque tous les jours. Boileau même, dans ses premières satires, le sobre Boileau parle toujours de bouteilles de vin, et de trois ou quatre cabarets; ce qui serait aujourd'hui insupportable.

Nous donnons seulement cette pièce comme un monument très-singulier, dans lequel on retrouve mot pour mot ce que pensait Ninon sur la probité et sur l'amour. Voici ce qu'en dit l'abbé de Châteauneuf, page 121 :

« Comme le premier usage qu'elle a fait de sa
« raison a été de s'affranchir des erreurs vulgaires,
« elle a compris de bonne heure qu'il ne peut y
« avoir qu'une même morale pour les hommes
« et pour les femmes. Suivant cette maxime, qui
« a toujours fait la règle de sa conduite, il n'y a
« ni exemple ni coutume qui pût lui faire excuser
« en elle la fausseté, l'indiscrétion, la malignité,
« l'envie, et tous les autres défauts, qui, pour
« être ordinaires aux femmes, ne blessent pas
« moins les premiers devoirs de la société.

PRÉFACE.

« Mais ce principe, qui lui fait ainsi juger des
« passions selon ce qu'elles sont en elles-mêmes,
« l'engage aussi, par une suite nécessaire, à ne
« les pas condamner plus sévèrement dans l'un
« que dans l'autre sexe. C'est pour cela, par
« exemple, qu'elle n'a jamais pu respecter l'au-
« torité de l'opinion dans l'injustice qu'ont les
« hommes de tirer vanité de la même passion à
« laquelle ils attachent la honte des femmes,
« jusqu'à en faire leur plus grand, ou plutôt leur
« unique crime, de la même manière qu'on ré-
« duit ainsi leurs vertus à une seule, et que la
« probité, qui comprend toutes les autres, est
« une qualification aussi inusitée à leur égard
« que si elles n'avaient aucun droit d'y pré-
« tendre. »

Ce caractère est précisément le même qu'on retrouve dans la pièce; et ces traits nous ont paru suffire pour rendre l'ouvrage précieux à tous les amateurs des singularités de notre littérature, et surtout à ceux qui cherchent avec avidité tout ce qui concerne une personne aussi singulière que mademoiselle Ninon l'Enclos. Le lecteur est seulement prié de faire attention que ce n'est pas la Ninon de vingt ans, mais la Ninon de quarante.

PERSONNAGES.

NINON, femme de trente-cinq à quarante ans, très-bien mise, grand caractère du haut comique.

GOURVILLE L'AÎNÉ, grand nigaud, habillé de noir, mal boutonné, une mauvaise perruque de travers, l'air très-gauche.

GOURVILLE LE JEUNE, petit-maître du bon ton.

M. GARANT, marguillier, en manteau noir, large rabat, large perruque, pesant ses paroles, et l'air recueilli.

L'AVOCAT PLACET, en rabat et en robe, l'air empesé, et déclamant tout.

M. AGNANT, bon bourgeois, buveur, et non pas ivrogne de comédie.

MADAME AGNANT, habillée et coiffée à l'antique, bourgeoise acariâtre.

LISETTE,
PICARD, } valets de comédie dans l'ancien goût.

La scène est chez mademoiselle Ninon l'Enclos, au Marais.

LE DÉPOSITAIRE,

COMÉDIE.

ACTE PREMIER.

SCÈNE I.

NINON, LE JEUNE GOURVILLE.

LE JEUNE GOURVILLE.

Ainsi, belle Ninon, votre philosophie
Pardonne à mes défauts, et souffre ma folie.
De ce jeune étourdi vous daignez prendre soin.
Vous êtes tolérante, et j'en ai grand besoin.

NINON.

J'aime assez, cher Gourville, à former la jeunesse.
Le fils de mon ami vivement m'intéresse ;
Je touche à mon hiver, et c'est mon passe-temps
De cultiver en vous les fleurs d'un beau printemps.
N'étant plus bonne à rien désormais pour moi-même,
Je suis pour le conseil ; voilà tout ce que j'aime :
Mais la sévérité ne me va point du tout.
Hélas ! on sait assez que ce n'est point mon goût.
L'indulgence à jamais doit être mon partage ;
J'en eus un peu besoin quand j'étais à votre âge.

Eh bien, vous aimez donc cette petite Agnant?
LE JEUNE GOURVILLE.
Oui, ma belle Ninon.
NINON.
C'est une aimable enfant.
Sa mère quelquefois dans la maison l'amène.
J'ai l'œil bon; j'ai prévu de loin votre fredaine.
Mais est-ce un simple goût, une inclination?
LE JEUNE GOURVILLE.
Du moins, pour le présent, c'est une passion.
Un certain avocat pour mari se propose;
Mais auprès de la fille il a perdu sa cause.
NINON.
Je crois que mieux que lui vous avez su plaider.
LE JEUNE GOURVILLE.
Je suis assez heureux pour la persuader.
NINON.
Sans doute vous flattez et le père et la mère,
Et jusqu'à l'avocat; c'est le grand art de plaire.
LE JEUNE GOURVILLE.
J'y mets, comme je puis, tous mes petits talents.
Le père aime le vin.
NINON.
C'est un vice du temps;
La mode en passera. Ces buveurs me déplaisent;
Leur gaîté m'assourdit, leurs vains discours me pèsent;
J'aime peu leurs chansons, et je hais leur fracas :
La bonne compagnie en fait très-peu de cas.
LE JEUNE GOURVILLE.
La mère Agnant est brusque, emportée et revêche,

Sotte, un oison bridé devenu pigrièche ;
Bonne diablesse au fond.

NINON.

Oui, voilà trait pour trait
De nos très-sots voisins le fidèle portrait.
Mais on doit se plier à souffrir tout le monde,
Les plats et lourds bourgeois dont cette ville abonde,
Les grands airs de la cour, les faux airs de Paris,
Nos étourdis seigneurs, nos pincés beaux-esprits :
C'est un mal nécessaire, et que souvent j'essuie.
Pour ne pas trop déplaire, il faut bien qu'on s'ennuie.

LE JEUNE GOURVILLE.

Mais Sophie est charmante, et ne m'ennuîra pas.

NINON.

Ah ! je vous avoûrai qu'elle est pleine d'appas.
Aimez-la, quittez-la ; mon amitié tranquille
A vos goûts, quels qu'ils soient, sera toujours facile.
A la droite raison dans le reste soumis,
Changez de voluptés, ne changez point d'amis ;
Soyez homme d'honneur, d'esprit et de courage,
Et livrez-vous sans crainte aux erreurs du bel âge.
Quoi qu'en disent l'Astrée, et Clélie, et Cyrus,
L'amour ne fut jamais dans le rang des vertus ;
L'amour n'exige point de raison, de mérite (1).
J'ai vu des sots qu'on prend, des gens de bien qu'on quitte.
Je fus, et tout Paris l'a souvent publié,
Infidèle en amour, fidèle en amitié.
Je vous chéris, Gourville, et pour toute ma vie.

(1) Ce sont les propres paroles de Ninon, dans le petit livre de l'abbé de Châteauneuf.

Votre père n'eut pas de plus constante amie :
Dans des temps malheureux il arrangea mon bien;
Je dois tout à ses soins ; sans lui je n'aurais rien.
Vous savez à quel point j'avais sa confiance :
C'est un plaisir pour moi que la reconnaissance;
Elle occupe le cœur : je n'ai point de parents,
Et votre frère et vous me tenez lieu d'enfants.

LE JEUNE GOURVILLE.

Votre exemple m'instruit, votre bonté m'accable.
Ninon dans tous les temps fut un homme estimable.

NINON.

Parlons donc, je vous prie, un peu solidement.
Vous n'êtes pas, je crois, fort en argent comptant?

LE JEUNE GOURVILLE.

Pas trop.

NINON.

Voici le temps où de votre fortune
Le nœud très-délicat, l'intrigue peu commune,
Grâce à monsieur Garant, pourra se débrouiller.

LE JEUNE GOURVILLE.

Ce bon monsieur Garant me fait toujours bâiller.
Il est si compassé, si grave, si sévère!
Je rougis devant lui d'être fils de mon père.
Il me fait trop sentir que, par un sort fâcheux,
Il manque à mon baptême un paragraphe ou deux.

NINON.

On omit, il est vrai, le mot de légitime.
Gourville votre père eut la publique estime;
Il eut mille vertus : mais il eut, entre nous,
Pour les beaux nœuds d'hymen de merveilleux dégoûts.

ACTE I, SCÈNE I.

La rigueur de la loi (peut-être un peu trop sage)
A votre frère, à vous, ravit tout héritage.
Vous ne possédez rien ; mais ce monsieur Garant,
Son banquier autrefois, et son correspondant,
Pour deux cent mille francs étant son légataire,
N'en est, vous le savez, que le dépositaire.
Il fera son devoir ; il l'a dit devant moi :
L'honneur est plus puissant, plus sacré que la loi.

LE JEUNE GOURVILLE.

Je voudrais que l'honneur fût un peu plus honnête.
Cet homme, de sermons, me rompt toujours la tête :
Directeur d'hôpitaux, syndic et marguillier,
Il n'a daigné jamais avec moi s'égayer.
Il prétend que je suis une tête légère,
Un jeune dissolu, sans mœurs, sans caractère,
Jouant, courant le bal, les filles, les buveurs :
Oui, je suis débauché ; mais, parbleu, j'ai des mœurs ;
Je ne dois rien, je suis fidèle à mes promesses ;
Je n'ai jamais trompé, pas même mes maîtresses ;
Je bois sans m'enivrer ; j'ai tout payé comptant ;
Je ne vais point jouer quand je n'ai point d'argent.
Tout marguillier qu'il est, ma foi, je le défie
De mener dans Paris une meilleure vie.

NINON.

Il est un temps pour tout.

LE JEUNE GOURVILLE.

                    Monsieur mon frère aîné,
Je l'avoue, a l'esprit tout autrement tourné.
Il est sage et profond ; sa conduite est austère ;
Il lit les vieux auteurs, et ne les entend guère ;

Il méprise le monde : eh bien ! qu'il soit un jour
Pour prix de ses vertus, marguillier à son tour ;
Et que monsieur Garant, qui dans tout le gouverne,
Lui donne plus qu'à moi. Ce qui seul me concerne,
C'est le plaisir : l'argent, voyez-vous, ne m'est rien ;
Je suis assez content d'un honnête entretien.
L'avarice est un monstre ; et, pourvu que je puisse
Supplanter l'avocat, mon sort est trop propice.

NINON.

Tout réussit aux gens qui sont doux et joyeux.
Pour monsieur votre aîné, c'est un fou sérieux.
Un précepteur maudit, maîtrisant sa jeunesse,
Chargea d'un joug pesant sa docile faiblesse,
De sombres visions tourmenta son esprit,
Et l'âge a conservé ce que l'enfance y mit.
Il s'est fait à lui-même un bien triste esclavage.
Malheur à tout esprit qui veut être trop sage !
J'ai bonne opinion, je vous l'ai déjà dit,
D'un jeune écervelé, quand il a de l'esprit :
Mais un jeune pédant, fût-il très-estimable,
Deviendra, s'il persiste, un être insupportable.
Je ris lorsque je vois que votre frère a fait
L'extravagant dessein d'être un homme parfait.

LE JEUNE GOURVILLE.

Un pédant chez Ninon est un plaisant prodige !

NINON.

Le parti qu'il a pris, n'est pas ce qui m'afflige :
J'aime les gens de bien, mais je hais les cagots ;
Et je crains les fripons qui gouvernent les sots.

LE JEUNE GOURVILLE.

Voilà le marguillier.

SCÈNE II.

NINON, LE JEUNE GOURVILLE, M. GARANT, *en manteau noir, grand rabat, gants blancs, large perruque.*

M. GARANT.

Je me suis fait attendre.
Le temps, vous le savez, est difficile à prendre.
Mes emplois sont bien lourds.

NINON.

Je le sais.

M. GARANT.

Bien pesants.

NINON.

C'est ajouter beaucoup.

M. GARANT.

Sans mes soins vigilants,
Sans mon activité...

NINON.

Fort bien.

M. GARANT.

Sans ma prudence,
Sans mon crédit...

NINON.

Encor!

M. GARANT.

L'œuvre aurait pu, je pense,
Souffrir un grand déchet : mais j'ai tout réparé.

LE JEUNE GOURVILLE.

Ah! tout Paris en parle, et vous en sait bon gré.

M. GARANT.

Les pauvres sont d'ailleurs si pauvres ! leurs souffrances
Me percent tant le cœur, que de leurs doléances
Je m'afflige toujours.

NINON.

Il faut les secourir ;
C'est un devoir sacré.

M. GARANT.

Leurs maux me font souffrir !

LE JEUNE GOURVILLE.

Vous régissez si bien leur petite finance,
Que les pauvres bientôt seront dans l'opulence.

NINON.

Çà, monsieur l'aumônier, vous savez que céans
Il est, ainsi qu'ailleurs, de jeunes indigents :
Ils sont recommandés à vos nobles largesses.
Vous n'avez pas sans doute oublié vos promesses.

M. GARANT.

Vous savez que mon cœur est toujours pénétré
Des extrêmes bontés dont je fus honoré
Par ce parfait ami, ce cher monsieur Gourville,
Si bon pour ses amis... qui fut toujours utile
A tous ceux qu'il aima... qui fut si bon pour moi,
Si généreux !... je sais tout ce que je lui doi.
L'honneur, la probité, l'équité, la justice,
Ordonnent qu'un ami sans réserve accomplisse
Ce qu'un ami voulait.

NINON.

Ah ! que c'est parler bien !

ACTE I, SCÈNE II.

LE JEUNE GOURVILLE.

Il est fort éloquent.

M. GARANT.

Que dites-vous là ?

LE JEUNE GOURVILLE.

Rien.

NINON, *le contrefaisant.*

Je me flatte, je crois, je suis persuadée,
Je me sens convaincue, et surtout j'ai l'idée
Que vous rendrez bientôt les deux cent mille francs
A votre ami si cher, ès mains de ses enfants.

M. GARANT.

Madame, il faut payer ses dettes légitimes ;
Et les moindres délais, en ce cas, sont des crimes ;
L'honneur, la probité, le sens et la raison
Demandent qu'on s'applique avec attention
A remplir ses devoirs, à ne nuire à personne,
A voir quand et comment, à qui, pourquoi l'on donne,
A bien considérer si le droit est lésé,
Si tout est bien en ordre.

NINON.

Eh ! rien n'est plus aisé...
Des deux cent mille francs n'êtes-vous pas le maître ?

M. GARANT.

Oh! oui : son testament le fait assez connaître.
Je les dois recevoir en louis trébuchants.

NINON.

Eh bien! à chacun d'eux donnez cent mille francs.

LE JEUNE GOURVILLE.

Le compte est clair et net.

M. GARANT.

Oui, cette arithmétique
Est parfaite en son genre, et n'a point de réplique;
Egales portions.

NINON.

Par cette égalité
Vous assurez la paix de leur société.

M. GARANT.

Soyez sûre que l'un n'aura pas plus que l'autre,
Quand j'aurai tout réglé.

NINON.

Quelle idée est la vôtre!
Tout est réglé, Monsieur...

M. GARANT.

Il faudra mûrement
Consulter, sur ce cas, quelque avocat savant,
Quelque bon procureur, quelque habile notaire
Qui puisse prévenir toute fâcheuse affaire.
Il faut fermer la bouche aux malins héritiers,
Qui pourraient méchamment répéter les deniers.

LE JEUNE GOURVILLE.

Mon père n'en a point.

M. GARANT.

Hélas! dès qu'on enterre
Un vieillard un peu riche, il sort de dessous terre
Mille collatéraux qu'on ne connaissait pas.
Voyez que de chagrins, de peines, d'embarras,
Si jamais il fallait que par quelque artifice
J'éludasse les lois de la sainte justice!
L'honneur, vous le savez, qui doit conduire tout...

ACTE I, SCÈNE II.

NINON.

Le véritable honneur est très-fort de mon goût;
Mais il sait écarter ces craintes ridicules.
Il est de certains cas où j'ai peu de scrupules.

M. GARANT.

J'en suis persuadé, Madame, je le crois;
C'est mon opinion... mais la rigueur des lois,
De ces collatéraux les plaintes, les murmures,
Et les prétentions avec les procédures...

NINON.

Ayez des procédés; je réponds du succès.

LE JEUNE GOURVILLE.

Ce n'est point là du tout une affaire à procès.

M. GARANT.

Vous ne connaissez pas, Madame, les affaires,
Leurs détours, leurs dangers; les lois et leurs mystères.

NINON.

Toujours cent mots pour un. Moi, je vais à l'instant
Répondre à vos discours en un mot comme en cent.
Mon cher petit Gourville, allez dire à Lisette
Qu'elle m'apporte ici cette grande cassette.
Elle sait ce que c'est.

LE JEUNE GOURVILLE.

J'y cours.

SCÈNE III.

NINON, M. GARANT.

M. GARANT.

Avec chagrin
Je vois que ce jeune homme a pris un mauvais train,
De mauvais sentiments... une allure mauvaise.
Je crains que s'il était un jour trop à son aise...
Il ne se confirmât dans le mal...

NINON.

Mais vraiment
Vous me touchez le cœur par un soin si prudent.

M. GARANT.

Il est fort libertin : une trop grande aisance...
Trop d'argent dans les mains, trop d'or, trop d'opulence
Donne aux vices du cœur trop de facilité.

NINON.

On ne peut parler mieux; mais trop de pauvreté
Dans des dangers plus grands peut plonger la jeunesse :
Je ne voudrais pour lui pauvreté ni richesse,
Point d'excès; mais son bien lui doit appartenir.

M. GARANT.

D'accord, c'est à cela que je veux parvenir.

NINON.

Et son frère?

M. GARANT.

Ah! pour lui ce sont d'autres affaires;
Vous avez des bontés qu'il ne mérite guères.

NINON.

Comment donc?...

ACTE I, SCÈNE III.

M. GARANT.
Vous avez acheté sous son nom,
Quand son père vivait, votre propre maison.

NINON.
Oui...

M. GARANT.
Vous avez mal fait.

NINON.
C'était un avantage
Que son père lui fit.

M. GARANT.
Mais cela n'est pas sage :
Nous y remédîrons ; je vous en parlerai :
J'ai d'honnêtes desseins que je vous confîrai...
Vous êtes belle encore.

NINON.
Ah !

M. GARANT.
Vous savez, le monde...

NINON.
Ah, Monsieur !

M. GARANT.
Vous avez la science profonde
Des secrètes façons dont on peut se pousser,
Etre considéré, s'intriguer, s'avancer ;
Vous êtes éclairée, avisée et discrète.

NINON.
Et surtout patiente.

SCÈNE IV.

NINON, M. GARANT, LE JEUNE GOURVILLE,
LISETTE, UN LAQUAIS.

LISETTE.
Ah! la lourde cassette!
Comment voulez-vous donc que j'apporte cela?
Picard la traîne à peine.
NINON.
Allons, vite, ouvrons-la.
LISETTE.
C'est un vrai coffre-fort.
NINON.
C'est le très-faible reste
De l'argent qu'autrefois dans un péril funeste,
Etant contraint de fuir, Gourville me laissa ;
Long-temps à son retour dans ce coffre il puisa :
Le compte est de sa main. Allez tous deux sur l'heure
Donner à ses enfants le peu qu'il en demeure :
Ce sera pour chacun, je crois, deux mille écus.
Par un partage égal il faut qu'ils soient reçus.
Pour leurs menus plaisirs ils en feront usage,
Attendant que Monsieur fasse un plus grand partage.
(*On remporte le coffre.*)
LISETTE.
J'y cours, je sais compter.
LE JEUNE GOURVILLE.
L'adorable Ninon !

ACTE I, SCÈNE IV.

NINON, *à M. Garant.*

Pour remplir son devoir il faut peu de façon :
Vous le voyez, Monsieur.

M. GARANT.

Cela n'est pas dans l'ordre,
Dans l'exacte équité; la justice y peut mordre.
Cette caisse au défunt appartint autrefois,
Et les collatéraux réclameront leurs droits :
Il faut, pour préalable, en faire un inventaire.
Je suis exécuteur qu'on dit testamentaire.

LE JEUNE GOURVILLE.

Eh bien, exécutez les généreux desseins
D'un ami qui remit sa fortune en vos mains.

M. GARANT.

Allez, j'en suis chargé; n'en soyez point en peine.

NINON.

Quand apporterez-vous cette petite aubaine
Des deux cent mille francs en contrats bien dressés?
Et quand remplirez-vous ces devoirs si pressés?

M. GARANT.

Bientôt. L'œuvre m'attend, et les pauvres gémissent :
Lorsque je suis absent, tous les secours languissent.
Adieu.

(*Il fait deux pas et revient.*)

Vous devriez employer prudemment
Ces quatre mille écus donnés légèrement.

NINON.

Eh, fi donc!

M. GARANT, *revenant encore, la tirant à l'écart.*

La débauche, hélas! de toute espèce,

A la perdition conduira sa jeunesse.
Il dissipera tout, je vous en avertis.
LE JEUNE GOURVILLE.
Hem, que dit-il de moi?
M. GARANT.
Pour votre bien, mon fils,
Avec discrétion je m'explique à madame...
(Bas à Ninon.)
Il est très-inconstant.
NINON.
Ah! cela perce l'ame.
M. GARANT.
Il a déjà séduit notre voisine Agnant :
Cela fera du bruit.
NINON.
Ah! mon Dieu! le méchant!
Courtiser une fille! ô Ciel! est-il possible?
M. GARANT.
C'est comme je le dis.
NINON.
Quel crime irrémissible!
M. GARANT, *à Ninon.*
Un mot dans votre oreille.
LE JEUNE GOURVILLE.
Il lui parle tout bas;
C'est mauvais signe...
NINON, *à M. Garant qui sort.*
Allez, je ne l'oublirai pas.

SCÈNE V.

NINON, LE JEUNE GOURVILLE.

LE JEUNE GOURVILLE.
Que vous disait-il donc?
NINON.
Il voulait, ce me semble,
Par pure probité nous mettre mal ensemble.
LE JEUNE GOURVILLE.
Entre nous, je commence à penser à la fin
Que cet original est un maître Gonin.
NINON.
Vous pouvez, croyez-moi, le penser sans scrupule :
On peut être à-la-fois fripon et ridicule.
Avec son verbiage et ses fades propos,
Ce fat, dans le quartier, séduit les idiots.
Sous un amas confus de paroles oiseuses
Il pense déguiser ses trames ténébreuses.
J'aime fort la vertu, mais pour les gens sensés :
Quiconque en parle trop, n'en eut jamais assez.
Plus il veut se cacher, plus on lit dans son ame :
Et que ceci soit dit et pour homme et pour femme.
Enfin je ne veux point par un zèle imprudent
Garantir la vertu de ce monsieur Garant.
LE JEUNE GOURVILLE.
Ma foi, ni moi non plus.

SCÈNE VI.

NINON, LE JEUNE GOURVILLE, LISETTE.

NINON.

Eh bien, chère Lisette,
Ma petite ambassade a-t-elle été bien faite ?
Son frère a-t-il de vous reçu son contingent ?

LISETTE.

Oui, Madame, à la fin il a reçu l'argent.

NINON.

Est-il bien satisfait ?

LISETTE.

Point du tout, je vous jure.

NINON.

Comment ?

LISETTE.

Oh ! les savants sont d'étrange nature.
Quel étonnant jeune homme, et qu'il est triste et sec !
Vous l'eussiez vu courbé sur un vieux livre grec ;
Un bonnet sale et gras qui cachait sa figure,
De l'encre au bout des doigts, composaient sa parure :
Dans un tas de papiers il était enterré ;
Il se parlait tout bas comme un homme égaré :
De lui dire deux mots je me suis hasardée ;
Madame, il ne m'a pas seulement regardée.
        (*En élevant la voix.*)
J'apporte de l'argent, Monsieur, qui vous est dû ;
Monsieur, c'est de l'argent. Il n'a rien répondu,

ACTE I, SCÈNE VI.

Il a continué de feuilleter, d'écrire.
J'ai fait, avec Picard, un grand éclat de rire :
Ce bruit l'a réveillé. *Voilà deux mille écus,*
Monsieur, que ma maîtresse avait pour vous reçus.
Hem! qui? quoi? m'a-t-il dit; allez chez les notaires;
Je n'ai jamais, ma bonne, entendu les affaires :
Je ne me mêle point de ces pauvretés-là.
Monsieur, ils sont à vous, prenez-les, les voilà.
Il a repris soudain papier, plume, écritoire.
Picard l'interrompant a demandé pour boire.
Pourquoi boire? a-t-il dit; fi! rien n'est si vilain
Que de s'accoutumer à boire si matin?
Enfin il a compris ce qu'il devait entendre;
Voilà les sacs, dit-il, et vous pouvez y prendre
Tout ce qu'il vous plaira pour la commission :
Nous avons pris, Madame, avec discrétion.
Il n'a pas un moment daigné tourner la tête,
Pour voir de nos cinq doigts la modestie honnête;
Et nous sommes partis avec étonnement,
Sans recevoir pour vous le moindre compliment.
Avez-vous vu jamais un mortel plus bizarre?

NINON.

Il en faut convenir, son caractère est rare.
La nature a conçu des desseins différents,
Alors que son caprice a formé ces enfants.
Un contraste parfait est dans leurs caractères;
Et le jour et la nuit ne sont pas plus contraires.

LE JEUNE GOURVILLE.

Je l'aime cependant du meilleur de mon cœur.

LISETTE.

Moi, de tout mon pouvoir je l'aime aussi, Monsieur :
J'ai toujours remarqué, sans trop oser le dire,
Que vous aimez assez les gens qui vous font rire.

NINON.

Je ne ris point de lui, Lisette, je le plains :
Il a le cœur très-bon, je le sais ; mais je crains
Que cette aversion des plaisirs et du monde,
Des usages, des mœurs l'ignorance profonde,
Ce goût pour la retraite et cette austérité,
Ne produisent bientôt quelque calamité.
Pour ce monsieur Garant sa pleine confiance
Alarme ma tendresse, accroît ma défiance :
Souvent un esprit gauche en sa simplicité,
Croyant faire le bien, fait le mal par bonté.

LE JEUNE GOURVILLE.

Oh ! je vais de ce pas laver sa tête aînée ;
De sa sotte raison la mienne est étonnée :
Je lui parlerai net ; et je veux à la fin,
Pour la débarbouiller, en faire un libertin.

NINON.

Puissiez-vous tous les deux être plus raisonnables !
Mais le monde aime mieux des erreurs agréables,
Et d'un esprit trop vif la piquante gaîté,
Qu'un précoce Caton, de sagesse hébété,
Occupé tristement de mystiques systèmes,
Inutile aux humains, et dupe des sots mêmes.

LE JEUNE GOURVILLE.

Il faut vous avouer qu'avec discrétion
Dans mes amours nouveaux je me sers de son nom,

ACTE I, SCÈNE VI.

Afin que si la mère a jamais connaissance
Des mystères secrets de notre intelligence,
Aux mots de synderèse et de componction,
La lettre lui paraisse une exhortation,
Un essai de morale envoyé par mon frère.
Nous écrivons tous deux d'un même caractère;
En un mot, sous son nom j'écris tous mes billets,
En son nom prudemment les messages sont faits;
C'est un fort grand plaisir que ce petit mystère.

NINON.

Il est un peu scabreux; et je crains cette mère.
Prenez bien garde, au moins; vous vous y méprendrez:
Vos discours de vertu seront peu mesurés;
Tout sera reconnu.

LE JEUNE GOURVILLE.

   Le tour est assez drôle.

NINON.

Mais c'est du loup-berger que vous jouez le rôle.

LE JEUNE GOURVILLE.

D'ailleurs je suis très-bien déjà dans la maison;
A la mère toujours je dis qu'elle a raison;
Je bois avec le père, et chante avec la fille:
Je deviens nécessaire à toute la famille.
Vous ne me blâmez pas?

NINON.

   Pour ce dernier point, non.

LISETTE.

Ma foi, les jeunes gens ont souvent bien du bon.

FIN DU PREMIER ACTE.

ACTE SECOND.

SCÈNE I.

GOURVILLE L'AÎNÉ, *tenant un livre;* LE JEUNE GOURVILLE.
Tous deux arrivent et continuent la conversation : l'aîné est vêtu de noir, la perruque de travers, l'habit mal boutonné.

LE JEUNE GOURVILLE.

N'es-tu donc pas honteux, en effet, à ton âge,
De vouloir devenir un grave personnage ?
Tu forces ton instinct par pure vanité,
Pour parvenir un jour à la stupidité.
Qui peut donc contre toi t'inspirer tant de haine ?
Pour être malheureux tu prends bien de la peine.
Que dirais-tu d'un fou, qui des pieds et des mains
Se plairait d'écraser les fleurs de ses jardins,
De peur d'en savourer le parfum délectable ?
Le Ciel a formé l'homme animal sociable.
Pourquoi nous fuir ? pourquoi se refuser à tout ?
Etre sans amitié, sans plaisirs et sans goût,
C'est être un homme mort. Oh! la plaisante gloire
Que de gâter son vin de crainte de trop boire!
Comme te voilà fait! le teint jaune et l'œil creux!
Penses-tu plaire au Ciel en te rendant hideux ?
Au monde, en attendant, sois très-sûr de déplaire.
La charmante Ninon, qui nous tient lieu de mère,
Voit avec grand chagrin qu'en ta propre maison,

Loin d'elle, et loin de moi, tu languis en prison.
Est-ce monsieur Garant qui, par son éloquence,
Nourrit de tes travers la lourde extravagance?
Allons, imite-moi, songe à te réjouir;
Je prétends, malgré toi, te donner du plaisir.

GOURVILLE L'AÎNÉ.

De si vilains propos, une telle conduite,
Me font pitié, Monsieur : j'en prévois trop la suite.
Vous ferez à coup sûr une mauvaise fin.
Je ne puis plus souffrir un si grand libertin.
De cette maison-ci je connais les scandales;
Il en peut arriver des choses bien fatales :
Déjà monsieur Garant m'en a trop averti.
Je n'y veux plus rester, et j'ai pris mon parti.

LE JEUNE GOURVILLE.

Son accès le reprend.

GOURVILLE L'AÎNÉ.

Monsieur Garant, mon frère,
Que vous calomniez, est d'un tel caractère
De probité, d'honneur... de vertu... de...

LE JEUNE GOURVILLE.

Je voi
Que déjà son beau style a passé jusqu'à toi.

GOURVILLE L'AÎNÉ.

Il met discrètement la paix dans les familles;
Il garde la vertu des garçons et des filles;
Je voudrais jusqu'à lui, s'il se peut, m'exalter :
Allez dans le beau monde; allez vous y jeter;
Plongez-vous jusqu'au cou dans l'ordure brillante
De ce monde effréné dont l'éclat vous enchante;

Moquez-vous plaisamment des hommes vertueux :
Nagez dans les plaisirs, dans ces plaisirs honteux,
Ces plaisirs dans lesquels tout le jour se consume,
Et la douceur desquels produit tant d'amertume.

LE JEUNE GOURVILLE.

Pas tant.

GOURVILLE L'AÎNÉ.

Allez ; je sais tout ce qu'il faut savoir.
J'ai bien lu.

LE JEUNE GOURVILLE.

Va, lis moins ; mais apprends à mieux voir.
Tu pourras tout au plus quelque jour faire un livre.
Mais dis-moi, mon pauvre homme, avec qui peux-tu vivre?

GOURVILLE L'AÎNÉ.

Avec personne.

LE JEUNE GOURVILLE.

Quoi ! tout seul, dans un désert ?

GOURVILLE L'AÎNÉ.

Oh! je fréquenterai souvent madame Aubert.

LE JEUNE GOURVILLE, *en riant.*

Madame Aubert !

GOURVILLE L'AÎNÉ.

Eh oui, madame Aubert.

LE JEUNE GOURVILLE.

Parente
Du marguillier Garant?

GOURVILLE L'AÎNÉ.

Oui, pieuse et savante,
D'un esprit transcendant, d'un mérite accompli.

ACTE II, SCÈNE I.

LE JEUNE GOURVILLE.

La connais-tu?

GOURVILLE L'AÎNÉ.

Non; mais son logis est rempli
Des gens les plus versés dans les vertus pratiques.
Elle connaît à fond tous les auteurs mystiques;
Elle reçoit souvent les plus graves docteurs,
Et force gens de bien qu'on ne voit point ailleurs.

LE JEUNE GOURVILLE.

Madame Aubert t'attend?

GOURVILLE L'AÎNÉ.

Oui : mon tuteur fidèle,
Monsieur Garant me mène enfin dîner chez elle.

LE JEUNE GOURVILLE.

Chez sa cousine?

GOURVILLE L'AÎNÉ.

Eh, oui.

LE JEUNE GOURVILLE.

Cette femme de bien?

GOURVILLE L'AÎNÉ.

Elle-même; et je veux, après cet entretien,
Ne hanter désormais que de tels caractères,
Des dévots éprouvés, secs, durs, atrabilaires.
Je ne veux plus vous voir; et je préfère un trou,
Un hermitage, un antre...

LE JEUNE GOURVILLE, *en l'embrassant.*

Adieu, mon pauvre fou.

SCÈNE II.

GOURVILLE L'AÎNÉ, *seul.*

Je pleure sur son sort; le voilà qui s'abîme;
Il va de femme en fille, il court de crime en crime.
   (*Il s'assied et ouvre un livre.*)
Que Garasse a raison! qu'il peint bien, à mon sens,
Les travers odieux de tous nos jeunes gens!
Qu'il enflamme mon cœur, et qu'il le fortifie
Contre les passions qui tourmentent la vie!
   (*Il lit encore.*)
C'est bien dit : oui, voilà le plan que je suivrai.
Du sentier des méchants je me retirerai.
J'éviterai le jeu, la table, les querelles,
Les vains amusements, les spectacles, les belles.
   (*Il se lève.*)
Quel plaisir noble et doux de haïr les plaisirs!
De se dire en secret, me voilà sans desirs;
Je suis maître de moi, juste, insensible, sage,
Et mon ame est un roc au milieu de l'orage!
Je rougis quand je vois dans ce maudit logis,
Ces conversations, ces soupers, ces amis.
Je souris de pitié de voir qu'on me préfère,
Sans nul ménagement, mon étourdi de frère.
Il plaît à tout le monde; il est tout fait pour lui.
C'en est trop : pour jamais j'y renonce aujourd'hui.
Je conserve à Ninon de la reconnaissance;
Elle eut soin de nous deux au sortir de l'enfance;
Et, malgré ses écarts, elle a des sentiments

Qu'on eût pris pour vertu peut-être en d'autres temps.
Mais...
(*Il se mord le doigt, et fait une grimace effroyable.*)

SCÈNE III.

GOURVILLE L'AÎNÉ, M. GARANT.

M. GARANT.

Eh bien! mon très-cher, mon vertueux Gourville,
De tant d'iniquités allez-vous fuir l'asile?

GOURVILLE L'AÎNÉ.

J'y suis très-résolu.

M. GARANT.

Ce logis infecté
N'était point convenable à votre piété.
Sortez-en promptement... Mais que voulez-vous faire
De ces deux mille écus de monsieur votre père?

GOURVILLE L'AÎNÉ.

Tout ce qu'il vous plaira; vous en disposerez.

M. GARANT.

L'argent est inutile aux cœurs bien pénétrés
D'un vrai détachement des vanités du monde;
Et votre indifférence en ce point est profonde :
Je veux bien m'en charger; je les ferai valoir,
Pour les pauvres s'entend... Vous aurez le pouvoir
D'en répéter chez moi le tout ou bien partie,
Dès que vous en aurez la plus légère envie.

GOURVILLE L'AÎNÉ.

Ah! que vous m'obligez! je ne pourrai jamais
Vous payer dignement le prix de vos bienfaits.

M. GARANT.

Je puis avoir à vous d'autres sommes en caisse.
Eh! eh!...

GOURVILLE L'AÎNÉ.

L'on me l'a dit... Mon Dieu, je vous les laisse;
Vous voulez bien encore en être embarrassé?

M. GARANT.

Je mettrai tout ensemble.

GOURVILLE L'AÎNÉ.

Oui, c'est fort bien pensé.

M. GARANT.

Or çà, votre dessein de chercher domicile
Est très-juste et très-bon; mais il est inutile :
La maison est à vous; gardez-vous d'en sortir,
Et priez seulement Ninon d'en déguerpir.
Par mille éclats fâcheux la maison polluée,
Quand vous y vivrez seul, sera purifiée;
Et je pourrais bien même y loger avec vous.

GOURVILLE L'AÎNÉ.

Cet honneur me serait bien utile et bien doux;
Mais je ne me sens pas l'ame encore assez forte
Pour chasser une femme et la mettre à la porte.
C'est un acte pieux; mais l'honneur a ses droits;
Et vous savez, Monsieur, tout ce que je lui dois.
Pourrais-je sans rougir dire à ma bienfaitrice :
Sortez de la maison, et rendez-vous justice?
Cela n'est-il pas dur?

M. GARANT.

Un tel ménagement
Est bien louable en vous, et m'émeut puissamment.

Ce scrupule d'abord a barré mes idées ;
Mais j'ai considéré qu'elles sont bien fondées.
Le désordre est trop grand. Votre propre danger
A la faire sortir devrait vous engager.
Sachez que votre frère entretient avec elle
Une intrigue odieuse, indigne, criminelle,
Un scandaleux commerce... un... je n'ose parler
De tout ce qui s'est fait... tant je m'en sens troubler.
GOURVILLE L'AÎNÉ.
Voilà donc la raison de cette préférence
Qu'on lui donnait sur moi !
M. GARANT.
Sentez la conséquence.
GOURVILLE L'AÎNÉ.
Je n'aurais pu jamais la deviner sans vous.
Les vilains !... Grâce au ciel, je n'en suis point jaloux.
Je n'imaginais pas qu'un si grand fou dût plaire.
M. GARANT.
Les fous plaisent parfois.
GOURVILLE L'AÎNÉ.
Ah ! j'en suis en colère
Pour l'honneur du Marais.
M. GARANT.
Il faut premièrement
Détourner loin de nous ce scandale impudent ;
Mais avec l'air honnête, avec toute décence,
Avec tous les dehors que veut la bienséance.
Nous avons concerté que, de cette maison,
Vous feriez pour un tiers une donation,
Un acte bien secret que je pourrais vous rendre.

Armé de cet écrit, je puis tout entreprendre.
Je ne m'emparerai que de votre logis;
Et vous aurez vos droits sans être compromis.

GOURVILLE L'AÎNÉ.

Oui, l'idée est profonde; oui, les dévots, les sages,
Sur le reste du monde ont de grands avantages.
Je signerai demain.

M. GARANT.

Ce soir, votre cadet
Reviendra vous braver comme il a toujours fait.
Tout se moque de vous, laquais, cocher, servante;
Ils traitent la vertu de chose impertinente.

GOURVILLE L'AÎNÉ.

La vertu!

M. GARANT.

Vraiment oui. Toujours un marguillier
A soin d'avoir en poche encre, plume, papier.
Venez, l'acte est dressé. Cet honnête artifice
Est, comme vous voyez, dans l'exacte justice.
Signez sur mon genou.

(*Il lève son genou.*)

GOURVILLE L'AÎNÉ, *en signant.*

Je signe aveuglément,
Et crois n'avoir jamais rien fait de si prudent.

M. GARANT.

Je rédigerai tout, dès ce soir, par notaire.

GOURVILLE L'AÎNÉ.

Vous êtes, je le vois, très-actif en affaire.

M. GARANT.

Vous pouvez du logis sortir dès à présent.

ACTE II, SCÈNE III.

GOURVILLE L'AÎNÉ.

Oui!

M. GARANT.

Donnez-moi la clef de votre appartement.

GOURVILLE L'AÎNÉ.

La voilà.

M. GARANT.

Tout est bien; et puis chez ma cousine,
Chez la savante Aubert, notre illustre voisine...
Nous irons faire ensemble un dîner familier.

GOURVILLE L'AÎNÉ.

Vous m'enchantez!

M. GARANT.

Elle est la perle du quartier :
Il est dans sa maison de doctes assemblées,
Des conversations utiles et réglées;
Il y doit aujourd'hui venir quelques docteurs,
Des savants pleins de grec, de brillants orateurs,
Avec quelques abbés, gens de l'académie,
Tous pétris du vrai suc de la philosophie.

GOURVILLE L'AÎNÉ.

Et c'est-là justement tout ce qu'il me fallait;
Vous m'avez découvert ce que mon cœur voulait.
Vous me faites penser : vous êtes mon Socrate;
Je suis Alcibiade. Ah! que cela me flatte!
Me voilà dans mon centre.

M. GARANT.

On n'est jamais heureux
Qu'avec des gens de bien, savants et vertueux.

Chez ma cousine Aubert, mon fils, allez vous rendre :
Je ne me ferai pas, je crois, long-temps attendre.
GOURVILLE L'AÎNÉ.

J'y vais.

SCÈNE IV.

NINON, M. GARANT, GOURVILLE L'AÎNÉ.

NINON, à Gourville l'aîné.

Ah! ah! Monsieur, vous sortez donc enfin!
Vous vous humanisez, et votre noir chagrin
Cède au besoin qu'on a de vivre en compagnie.
Le plaisir sied très-bien à la philosophie :
La solitude accable, et cause trop d'ennui.
Eh bien, où comptez-vous de dîner aujourd'hui?
GOURVILLE L'AÎNÉ.
Avec des gens de bien, Madame.
NINON.

Et mais!... j'espère...
Que ce n'est pas avec des fripons.
GOURVILLE L'AÎNÉ.

Au contraire.
NINON.
Et vos convives sont?
GOURVILLE L'AÎNÉ.

Des docteurs très-savants.
NINON.
On en trouve, en effet, de très-honnêtes gens,
Et chez qui la vertu n'offre rien que d'aimable.

ACTE II, SCÈNE IV.

GOURVILLE L'AÎNÉ.

L'heure presse, avec eux je vais me mettre à table.

NINON.

Allez ; c'est fort bien fait.

SCÈNE V.

NINON, M. GARANT.

NINON.

Quelle mauvaise humeur !
Il semble, en me parlant, qu'il soit rempli d'aigreur ;
En savez-vous la cause ?

M. GARANT.

Eh oui, je suis sincère ;
La cause est en effet son méchant caractère.

NINON.

Je savais qu'il était et bizarre et pédant ;
Mais je ne croyais pas qu'il eût le cœur méchant.

M. GARANT.

Allez, je m'y connais : vous pouvez être sûre
Qu'il n'est point d'ame au fond plus ingrate et plus dure.

NINON.

Il est vrai qu'en effet de mon petit présent
Il n'a pas daigné faire un seul remercîment.
Mais c'est distraction, manque de savoir-vivre ;
Et pour l'instruire mieux le monde est un grand livre.

M. GARANT.

Je vous dis que son cœur est pour jamais gâté ;
Endurci, gangrené, méchant... au mal porté ;
Faux... avec fausseté. Ses allures secrètes,
Sombres...

NINON, *riant*.
Vous prodiguez assez les épithètes.
M. GARANT.
Il ne peut vous souffrir. Il vient de s'engager
A vendre sa maison pour vous en déloger...
Vous en riez ?
NINON.
La chose est-elle bien certaine?
M. GARANT.
J'en suis témoin; j'ai vu cet effet de sa haine;
J'en ai vu l'acte en forme au notaire porté :
C'est l'usage qu'il fait de sa majorité.
Quel homme!
NINON.
Ce n'est rien, n'en soyez point en peine;
Cela s'ajustera.
M. GARANT.
Craignez tout de sa haine.
NINON.
Ce mauvais procédé ne lui peut réussir.
M. GARANT.
De cette ingratitude il faut le bien punir;
Qu'il sorte de chez vous.
NINON.
Peut-être il le mérite.
M. GARANT.
Pour moi je l'abandonne, et je le déshérite :
De ses cent mille francs il n'aura, ma foi, rien.
NINON.
S'ils dépendent de vous, Monsieur, je le crois bien.

ACTE II, SCÈNE V.

M. GARANT.

Que nous sommes à plaindre ! un bon ami nous laisse
De ses deux chers enfants à guider la jeunesse :
L'un est un garnement, turbulent, effronté,
A la perdition par le vice emporté ;
L'autre est fourbe, perfide, ingrat, atrabilaire,
Dur, méchant... De tous deux il nous faudra défaire.

NINON.

Me le conseillez-vous ?

M. GARANT.

Ce doit être l'avis
De tous les gens d'honneur et de vos vrais amis.
Prenez un parti sage... Ecoutez... Cette caisse
Dont vous avez tantôt fait si prompte largesse
Etait-elle bien pleine autrefois ?

NINON.

Jusqu'au bord :
De notre ami défunt c'était le coffre-fort ;
Vous le savez assez.

M. GARANT.

Selon que je calcule,
Vous avez amassé loyaument, sans scrupule,
Un bien considérable, une fortune ?

NINON.

Non ;
Mais mon bien me suffit pour tenir ma maison.

M. GARANT.

Vous avez du crédit : la dame qui régente,
Madame Esther, vous garde une amitié constante ;

Et si vous le vouliez, vous pourriez quelque jour
Faire beaucoup de bien, vous produisant en cour.

NINON.

A la cour! moi, Monsieur! que le Ciel m'en préserve!
Si j'ai quelques amis, il faut avec réserve
Ménager leurs bontés, craindre d'importuner,
Ne les inviter point à nous abandonner.
Pour garder son crédit, Monsieur, n'en usons guères.

M. GARANT.

Il le faut réserver pour les grandes affaires,
Pour les grands coups, Madame; oui, vous avez raison;
Et votre sentiment est ici ma leçon.

(*Il s'approche un peu d'elle, et après un moment de silence.*)

Je dois avec candeur vous faire une ouverture,
Pleine de confiance, et d'une amitié pure;
Je suis riche, il est vrai; mais, avec plus d'argent,
Je ferais plus de bien.

NINON.

   Je le crois bonnement.

M. GARANT.

Il vous faut un état : vous êtes de mon âge;
Je suis aussi du vôtre.

NINON.

Oh, oui.

M. GARANT.

    Quel bon ménage
Se formerait bientôt de nos biens rassemblés,
Loin de ces deux marmots du logis exilés!
Les deux cent mille francs, croissant notre fortune,
Entreraient de plein saut dans la masse commune.

Vous pourriez employer votre art persuasif
A nous faire obtenir un poste lucratif.
Vous seriez dans le monde avec plus d'importance :
Il faut que le crédit augmente votre aisance;
Que des prudes surtout la noble faction,
Célébrant de vos mœurs la réputation,
Et s'enorgueillissant d'une telle conquête,
A vous bien épauler se tienne toujours prête.
Avec un pot de vin, j'aurais par ce canal
Un fortuné brevet de fermier-général.
Nous pourrions sourdement, sans bruit, sans peine aucune,
Placer à cent pour cent ma petite fortune :
Et votre rare esprit tout bas se moquerait
De tout le genre humain qui vous respecterait.
Vous ne répondez rien?

NINON.

C'est que je considère
Avec maturité cette sublime affaire...
Vous voulez m'épouser?

M. GARANT.

Sans doute, je voudrais
Payer, de tout mon bien, tant d'esprit, tant d'attraits :
C'est à quoi j'ai pensé dès que mon sort prospère
Des deux cent mille francs me nomma légataire.

NINON.

Vous m'aimez donc un peu?

M. GARANT.

J'ai combattu long-temps
Les inspirations de ces desirs puissants;
Mais en les combinant avec justesse extrême,

En m'examinant bien, comptant avec moi-même,
Calculant, rabattant, j'ai vu pour résultat
Qu'il est temps en effet que vous changiez d'état;
Que nous nous convenons, et qu'un amour sincère,
Soutenu par le bien, ne doit pas vous déplaire.

NINON.

Je ne m'attendais pas à cet excès d'honneur.
Peut-être on vous a dit quelle était mon humeur.
J'eus long-temps pour l'hymen un peu de répugnance;
Son joug effarouchait ma libre indépendance :
C'est un frein respectable; et si je l'avais pris,
Croyez que ses devoirs auraient été remplis.
Je fus dans ma jeunesse un tant soit peu légère;
Je n'avais pas alors le bonheur de vous plaire.

M. GARANT.

Madame, croyez-moi, tout ce qui s'est passé
Fait peu d'impression sur un esprit sensé;
Ces bagatelles-là n'ont rien qui m'intimide :
Je vais droit à mon but, et je pense au solide.

NINON.

Eh bien, j'y pense aussi : vos offres à mes yeux
Présentent des objets qui sont bien spécieux.
Il est vrai qu'on pourrait m'imputer par envie
Je ne sais quoi d'injuste, et quelque hypocrisie.

M. GARANT.

Eh, mon dieu, c'est par-là qu'on réussit toujours.

NINON.

Oui; la monnaie est fausse; elle a pourtant du cours.
Que me sont, après tout, les enfants de Gourville?
Rien que des étrangers à qui je fus utile.

ACTE II, SCÈNE V.

M. GARANT.

Il faut l'être à nous seuls, et songer en effet
Que pour ces étrangers nous en avons trop fait.

NINON.

J'admire vos raisons, et j'en suis pénétrée.

M. GARANT.

Ah! je me doutais bien que votre ame éclairée
En sentirait la force et le vrai fondement,
Le poids...

NINON.

Oui, tout cela me pèse infiniment.

M. GARANT.

Vous vous rendez?

NINON.

Ce soir vous aurez ma réponse;
Et devant tout le monde il faut que je l'annonce.

M. GARANT.

Ah! vous me ravissez; je n'ai parlé d'abord
Que de vos intérêts qui me touchent si fort :
Mais si vous connaissiez quel effet font vos charmes,
Vos beaux yeux, votre esprit... quelles puissantes armes
M'ont ôté pour jamais ma chère liberté,
De quel excès d'amour je me sens tourmenté!..

NINON.

Mon Dieu! finissez donc; vous me tournez la tête :
Sortez... n'abusez point de ma faible conquête...
Mais revenez bientôt.

M. GARANT.

Vous n'en pouvez douter.

NINON.

J'y compte.

M. GARANT.

Sur mon cœur daignez toujours compter.
Ne trouvez-vous pas bon que j'amène un notaire
Pour coucher par contrat cette divine affaire?

NINON.

Par contrat! et mais oui... vos desseins concertés
Ne sauraient, à mon sens, être trop constatés.

M. GARANT.

Nos faits sont convenus?

NINON.

Oui-dà.

M. GARANT.

Notre fortune
Sera, par la coutume, entre nous deux commune.

NINON.

Plus vous parlez, et plus mon cœur se sent lier.

M. GARANT.

A ce soir, ma Ninon.

NINON, *le contrefaisant.*

Ce soir, mon marguillier.

SCÈNE VI.

NINON, *seule.*

Quel indigne animal, et quelle ame de boue!
Il ne s'aperçoit pas seulement qu'on le joue;
Tout absorbé qu'il est dans ses desseins honteux,
Il n'en peut discerner le ridicule affreux.

J'ai vu de ces gens-là qui se croyaient habiles
Pour avoir quelque temps trompé des imbéciles,
Dans leurs propres filets bientôt enveloppés :
Le monde avec plaisir voit les dupeurs dupés.
On peint l'Amour aveugle ; il peut l'être sans doute :
Mais l'intérêt l'est plus, et souvent ne voit goutte.
Vouloir toujours tromper, c'est un malheureux lot :
Bien souvent, quoi qu'on dise, un fripon n'est qu'un sot.

FIN DU SECOND ACTE.

ACTE TROISIÈME.

SCÈNE I.

LISETTE, PICARD.

LISETTE.

Eh bien, Picard, sais-tu la plaisante nouvelle?
PICARD.
Je n'ai jamais rien su le premier : quelle est-elle?
LISETTE.
Notre maîtresse enfin s'en va prendre un mari.
PICARD.
Ma foi, j'en ai le cœur tout-à-fait réjoui.
Ah, c'est donc pour cela que madame est sortie!
C'est pour se marier... J'ai souvent même envie,
Tu le sais; et je crois que nous devons tous deux
Suivre un si digne exemple.
LISETTE.
Ah! Picard, ces beaux nœuds
Sont faits pour les messieurs qui sont dans l'opulence;
Peu de chose avec rien ne fait pas de l'aisance;
Et nous sommes trop gueux, Picard, pour être unis.
Le mari de madame aujourd'hui m'a promis
De faire ma fortune.
PICARD.
Est-il bien vrai, Lisette?

LISETTE.

Et je t'épouserai dès qu'elle sera faite.

PICARD.

Bon ! attendons-nous y ! quand le bien te viendra,
D'autres amants viendront; tu me planteras-là.
Des filles de Paris je connais trop l'allure;
Elles n'épousent point Picard.

LISETTE.

Va, je te jure
Que les honneurs chez moi ne changent point les mœurs,
Je t'aime, et je ne puis être contente ailleurs.

PICARD.

Allons, il faudra donc se résoudre d'attendre.
Et quel est ce monsieur que madame va prendre?

LISETTE.

La peste ! c'est un homme extrêmement puissant,
Marguillier de paroisse, ayant beaucoup d'argent;
Sur son large visage on voit tout son mérite;
Homme de bon conseil, et qui souvent hérite
Des gens qui ne sont pas seulement ses parents.
Il a toujours, dit-on, vécu de ses talents;
Il est le directeur de plus de vingt familles :
Il peut faire aisément beaucoup de bien aux filles.
C'est ce monsieur Garant qui vient dans la maison.

PICARD.

Bon ! l'on m'a dit à moi qu'il est gueux et fripon.

LISETTE.

Eh bien ! que fait cela ? cette friponnerie
N'empêche pas, je crois, qu'un homme se marie.
Il m'a promis beaucoup.

PICARD.

Plus qu'il ne te tiendra...
Quoi! c'est lui qu'aujourd'hui madame épousera?

LISETTE.

Rien n'est plus vrai, Picard.

PICARD.

C'est lui que madame aime?

LISETTE.

Je n'en saurais douter.

PICARD.

Qui te l'a dit?

LISETTE.

Lui-même.
J'ai de plus entendu des mots de leurs discours ;
Picard, ils se juraient d'éternelles amours.
Pour revenir bientôt ce monsieur l'a quittée ;
Et madame aussitôt en carrosse est montée.

PICARD.

Mon Dieu, comme en amour on va vite à présent !
Je ne l'aurais pas cru : car, vois-tu, j'ai souvent
Entendu ma maîtresse, avec un beau langage,
Se moquer, en riant, des lois du mariage.

LISETTE.

Tout change avec le temps : on ne rit pas toujours ;
On devient sérieux au déclin des beaux jours.
La femme est un roseau que le moindre vent plie ;
Et bientôt il lui faut un soutien qui l'appuie.

PICARD.

Quand t'appuîrai-je donc?

LISETTE.

Va, nous attendrons bien
Que madame ait choisi monsieur pour son soutien.

PICARD.

Mais que va devenir Gourville avec son frère?

LISETTE.

Je pense que l'aîné va dans un monastère;
L'autre sera, je crois, cornette ou lieutenant.
Chacun suit son instinct : tout s'arrange aisément.

PICARD.

Je ne sais, mon instinct me dit que ces affaires
Ne s'arrangeront pas ainsi que tu l'espères.

LISETTE.

Pourquoi? pour en douter quelles raisons as-tu?

PICARD.

Je n'ai point de raisons, moi; j'ai des yeux, j'ai vu
Que, lorsqu'on veut aux gens assurer quelque chose,
On se trompe toujours; je n'en sais point la cause :
J'ai vu tant de messieurs qui pour tes doux appas
Disaient qu'ils reviendraient, et ne revenaient pas!

LISETTE.

Quoi! maroufle, insolent!

PICARD.

A ton tour, ma mignonne :
Jamais en promettant n'as-tu trompé personne?

LISETTE.

Hem!

PICARD.

Ne te fâche point. Allons, rendons bien net
De notre cher savant le sale cabinet;

Tenons la chambre propre; allons, la nuit approche.
LISETTE.
Bon! ce monsieur Garant a la clef dans sa poche.
PICARD.
Diable! il est donc déjà maître de la maison;
Et ce grand mariage est donc fait tout de bon?
LISETTE.
Ne te l'ai-je pas dit? Madame, avec mystère,
A dit à son cocher... Cocher, chez le notaire.
Ils sont allés signer.
PICARD.
Oui, je comprends très-bien
Que l'affaire est conclue, et je n'en savais rien.
LISETTE.
Un excellent souper qu'un grand traiteur apprête,
Ce soir de ces beaux nœuds doit célébrer la fête;
Les amis du logis y sont tous invités.
PICARD.
Tant mieux; nous danserons : plaisirs de tous côtés.
Mais que va devenir notre aîné de Gourville?
Il était si posé, si sage, si tranquille,
Lui-même se servant, n'exigeant rien de nous,
Fort dévot, cependant d'un naturel très-doux.
Où donc est-il allé?
LISETTE.
C'est chez notre voisine,
Comme lui très-pieuse, et de Garant cousine;
On m'a dit qu'il y dîne avec quelques docteurs.
PICARD.
Oh! c'est un grand savant; il lit tous les auteurs.

SCÈNE II.

LISETTE, PICARD, GOURVILLE L'AÎNÉ.

LISETTE.

Le voici qui revient.

PICARD.

Pour la noce peut-être.

LISETTE.

Ah, comme il a l'air triste!

PICARD.

Oui, je crois reconnaître
Qu'il est bien affligé.

LISETTE.

Quelles contorsions!

GOURVILLE L'AÎNÉ, *dans le fond.*

O Ciel! ô juste Ciel!

PICARD.

C'est des convulsions.

GOURVILLE L'AÎNÉ.

Je voudrais être mort.

LISETTE.

Il a des yeux funestes.

PICARD.

C'est d'un vrai possédé les regards et les gestes.
(*Gourville s'avance.*)

LISETTE.

Qu'avez-vous donc, Monsieur?

PICARD.

Vous avez l'œil poché,
Bosse au front, nez sanglant, et l'habit tout taché.

LISETTE.

Etes-vous ici près, Monsieur, tombé par terre?

GOURVILLE L'AÎNÉ.

Que son sein m'engloutisse!

PICARD.

Et quoi donc?

GOURVILLE L'AÎNÉ.

Qu'on m'enterre;
Je ne mérite pas de voir le jour.

PICARD.

Monsieur!

LISETTE.

Qu'est-il donc arrivé?

GOURVILLE L'AÎNÉ.

Je me meurs de douleur,
De honte, de dépit...

PICARD.

Et de vos meurtrissures.

LISETTE.

Hélas! n'auriez-vous point reçu quelques blessures?

GOURVILLE L'AÎNÉ *s'assied.*

Je ne puis me tenir : ah! Lisette, écoutez
Mes fautes, mes malheurs, et mes indignités.

PICARD.

Ecoutons bien.

(*Ils se mettent à ses côtés et alongent le cou.*)

LISETTE.

Mon Dieu, que ce début m'étonne!

ACTE III, SCÈNE II.

GOURVILLE L'AÎNÉ.
Voulant rester chez moi, monsieur Garant me donne
Rendez-vous à dîner chez sa cousine Aubert.

PICARD.
C'est une brave dame.

GOURVILLE L'AÎNÉ.
Ah! diablesse d'enfer!
Il y devait venir de savants personnages,
Parfaits chez les parfaits, sages entre les sages :
J'y vais; madame Aubert était encore au lit.
Monsieur Aubert tout seul près de moi s'établit,
Me propose un trictrac en attendant la table :
J'avais pour tous les jeux une haine effroyable,
Et cependant je joue.

LISETTE.
Eh bien, jusqu'à présent
La chose est très-commune, et le mal n'est pas grand.

GOURVILLE L'AÎNÉ.
J'y gagne, j'y prends goût; de partie en partie
Je ne vois point venir la docte compagnie.
Le jeu se continue; enfin le sort fait tant,
Qu'ayant bientôt perdu tout mon argent comptant,
Je redois mille écus encor sur ma parole.

LISETTE.
De ces petits chagrins un sage se console.

GOURVILLE L'AÎNÉ.
Ah! ce n'est rien encor. Garant à son cousin
Ecrit que les docteurs ne viendront que demain,
Et qu'il l'attend chez lui pour affaire pressante.
Aubert me fait excuse, Aubert me complimente;

Il sort, je reste seul : je n'osais demeurer ;
Et dans notre maison j'étais prêt à rentrer.
Madame Aubert paraît avec un air modeste,
Bien coiffée en cheveux, un déshabillé leste,
Un négligé brillant, mais qui paraît sans art.
On a dîné partout, me dit-elle ; il est tard :
Je vous proposerais de dîner tête à tête ;
Mais je vous ennuîrais... J'accepte cette fête :
Le repas était propre, et très-bien ordonné ;
Elle avait d'un vin grec dont je me suis donné.

LISETTE.

Vous avez oublié votre théologie ?

GOURVILLE L'AÎNÉ.

Hélas ! oui : ce vin grec la rendait plus jolie ;
Madame Aubert tenait des propos enchanteurs,
Que j'ai rarement vus chez nos plus vieux auteurs :
Je l'entendais parler, je la voyais sourire
Avec cet agrément que Sapho sut décrire.
Vous connaissez Sapho ?

PICARD.
Non.

GOURVILLE L'AÎNÉ.

Le plus doux poison
Par l'oreille et les yeux surprenait ma raison.
Nous nous attendrissons : monsieur Aubert arrive ;
Madame Aubert s'enfuit, éplorée et craintive,
En criant que je suis un homme dangereux.

LISETTE.

Vous, dangereux, Monsieur !

ACTE III, SCÈNE II.

GOURVILLE L'AÎNÉ.

L'époux est très-fâcheux :
Il m'applique un soufflet : je suis assez colère ;
J'en rends deux sur-le-champ : nous nous roulons par terre ;
L'un sur l'autre acharnés, je frappais, il frappait ;
Et j'entendais de loin madame qui riait...
Vous avez lu tous deux de ces combats d'athlète?

PICARD.

Je n'ai jamais rien lu.

GOURVILLE L'AÎNÉ.

Ni toi non plus, Lisette?

LISETTE.

Très-peu.

GOURVILLE L'AÎNÉ.

Quoi qu'il en soit, meurtrissants et meurtris,
Nous heurtons de nos fronts les carreaux, les lambris ;
Des oisifs du quartier une foule accourue
Remplissait la maison, l'escalier et la rue :
On crie, on nous sépare : un procureur du coin
D'accommoder l'affaire a pris sur lui le soin.
Pour empêcher les gens d'aller chercher main-forte,
Pour prévenir, dit-il, une amende plus forte,
Pour payer le scandale avec les coups reçus,
Je lui signe un billet encor de mille écus.
Ah! Lisette! ah, Picard! le sage est peu de chose!

PICARD.

Oui, je le croirais bien.

LISETTE.

Quelle métamorphose!

GOURVILLE L'AÎNÉ.

Après ce que je viens de faire et d'essuyer,
Comment revoir jamais monsieur le marguillier?
Comment revoir madame?

PICARD.

Oh, madame est très-bonne.

LISETTE.

Toujours aux jeunes gens, Monsieur, elle pardonne.

GOURVILLE L'AÎNÉ.

Comment revoir mon frère, après l'avoir traité
Avec tant de hauteur et de sévérité?

SCÈNE III.

GOURVILLE L'AÎNÉ, GOURVILLE LE JEUNE, LISETTE, PICARD.

LE JEUNE GOURVILLE, *tout essoufflé.*

Ah! mon frère! ah, Lisette!

LISETTE.

Eh bien?

LE JEUNE GOURVILLE, *à Lisette, à part.*

Ma chère amie,
Dans ce danger terrible aide-moi, je te prie.

GOURVILLE L'AÎNÉ.

Mon frère, je rougis et je pleure à vos yeux.

LE JEUNE GOURVILLE.

Mon frère, pardonnez ce petit tour joyeux.

(Prenant Lisette à part.)

Lisette, prends bien garde au moins qu'on ne la voie;
Pour la faire sortir nous aurons une voie.

ACTE III, SCÈNE III.

GOURVILLE L'AÎNÉ.

O ciel ! madame Aubert serait dans la maison ?
Elle a donc pris pour moi bien de la passion !
Ah ! de grâce, oubliez ma sottise effroyable.

LE JEUNE GOURVILLE.

Ah ! passez-moi ma faute, elle est très-excusable.
(*Allant à Lisette.*)
Lisette, à mon secours.

PICARD.

Eh, mon Dieu ! ces gens-ci
Sont tous devenus fous : qu'a-t-on donc fait ici ?
(*Lisette s'entretient avec le jeune Gourville.*)

GOURVILLE L'AÎNÉ, *sur le devant.*

Est-ce une illusion ? est-ce un tour qu'on me joue ?
Quels docteurs j'ai trouvés ! je me tâte, et j'avoue
Que je suis confondu, que je n'y comprends rien.

LE JEUNE GOURVILLE.

(*A Lisette; il lui parle à l'oreille.*)
Picard, garde la porte... Et toi... tu m'entends bien.

LISETTE.

J'y vais ; comptez sur moi.

LE JEUNE GOURVILLE, *à Lisette.*

Par ton seul savoir-faire
Tu sauras amuser et le père et la mère.

GOURVILLE L'AÎNÉ.

Quoi ! son père et sa mère ont l'obstination
De me poursuivre ici pour réparation ?

LE JEUNE GOURVILLE.

Hélas ! j'en suis honteux.

GOURVILLE L'AÎNÉ.

    C'est moi qui meurs de honte.

LE JEUNE GOURVILLE.

Sophie échappera par une fuite prompte;
Et Lisette saura la mettre en sûreté.
    (*Revenant à Gourville l'aîné.*)
De grâce, mon cher frère, ayez tant de bonté
Que de lui pardonner ce petit artifice.

GOURVILLE L'AÎNÉ.

Quel galimatias!

LE JEUNE GOURVILLE.

    Ce n'était pas malice;
C'est un trait de jeunesse, et peut-être il la perd.

GOURVILLE L'AÎNÉ.

Vous voulez excuser ici madame Aubert?

LE JEUNE GOURVILLE.

Laissons madame Aubert; mon frère, je vous jure
Que nul dans ce quartier n'a su cette aventure.

GOURVILLE L'AÎNÉ.

Que dites-vous? après un bruit si violent?

LE JEUNE GOURVILLE.

Il ne s'est rien passé qui ne fût très-décent.

GOURVILLE L'AÎNÉ.

Ah! vous êtes trop bon.

LE JEUNE GOURVILLE.

    Toujours tendre et fidèle,
Je cours la consoler, et je vous réponds d'elle.

      (*Il sort.*)

ACTE III, SCÈNE III.

GOURVILLE L'AÎNÉ.

Mon frère est un bon cœur; il oublie aisément;
Mais de ce qu'il me dit pas un mot ne s'entend.
Quel est cet homme en robe?

SCÈNE IV.

GOURVILLE L'AÎNÉ, M. L'AVOCAT PLACET, *en robe*.

L'AVOCAT PLACET, *toujours d'un ton empesé, et se rengorgeant*.

On m'a dit par la ville
Que je dois m'adresser à monsieur de Gourville,
Des Gourvilles l'aîné.

GOURVILLE L'AÎNÉ.

Très-humble serviteur.

L'AVOCAT PLACET.

Tout prêt à vous servir.

GOURVILLE L'AÎNÉ.

C'est sans doute un docteur
Que, pour me consoler, monsieur Garant m'envoie.

L'AVOCAT PLACET.

Je suis docteur en droit.

GOURVILLE L'AÎNÉ.

J'en ai bien de la joie;
Je les révère tous.

L'AVOCAT PLACET.

Au barreau du palais
Depuis deux ans je plaide avec quelque succès.

GOURVILLE L'AÎNÉ.

Contre madame Aubert plaidez donc, je vous prie;
Et vengez-moi, Monsieur, de sa friponnerie.

L'AVOCAT PLACET.

Je ferai tout pour vous. Vous pouvez au parquet
Vous informer du nom de l'avocat Placet.

GOURVILLE L'AÎNÉ.

Si vous voulez, Monsieur, vous charger de ma cause...

L'AVOCAT PLACET.

Vous devez être instruit...

GOURVILLE L'AÎNÉ.

En deux mots je l'expose.

L'AVOCAT PLACET.

J'ai dès long-temps en vue un établissement ;
Et j'avais pourchassé Claire-Sophie Agnant ;
Pour elle vous savez, Monsieur, quelle est ma flamme.

GOURVILLE L'AÎNÉ.

Non ; mais un avocat fait bien de prendre femme
Pour se désennuyer quand il a travaillé.

L'AVOCAT PLACET.

Vous me privez d'icelle ; et vous m'avez baillé,
Par vos productions, bien de la tablature.

GOURVILLE L'AÎNÉ.

Qui, moi, Monsieur ?

L'AVOCAT PLACET.

Vous-même ; et votre procédure
Par madame sa mère est remise en mes mains :
On a surpris, Monsieur, vos papiers clandestins,
Vos missives d'amour et tous vos beaux mystères,
Colorés d'un vernis de maximes austères.
A nos yeux clairvoyants le poison s'est montré.

GOURVILLE L'AÎNÉ.

Je veux être pendu, je veux être enterré,

ACTE III, SCÈNE IV.

Si j'ai jamais écrit à cette demoiselle,
Et si j'ai pu sentir le moindre goût pour elle!

L'AVOCAT PLACET.

On renia toujours, Monsieur, les vilains cas :
Mademoiselle Agnant ne vous ressemble pas;
Elle a tout avoué.

GOURVILLE L'AÎNÉ.

    Quoi?

L'AVOCAT PLACET.

                Que votre éloquence
Avait voulu tromper sa timide innocence.

GOURVILLE L'AÎNÉ.

Ah! c'est une coquine; et je ferai serment
Que rien n'est plus menteur que cette fille Agnant.

L'AVOCAT PLACET.

Les serments coûtent peu, Monsieur, aux hypocrites;
Et chez madame Aubert vos infames visites,
Le viol dont partout vous êtes accusé,
Un mari trop benin par vous de coups brisé,
Ont fait connaître assez votre affreux caractère.

GOURVILLE L'AÎNÉ.

Juste Ciel!

L'AVOCAT PLACET.

      Poursuivons... vous connaissez la mère?

GOURVILLE L'AÎNÉ.

Qui donc?

L'AVOCAT PLACET.

    Madame Agnant.

GOURVILLE L'AÎNÉ.

                Je sais qu'en ce logis

On la souffre parfois; mais je vous avertis
Que je n'ai jamais eu la plus légère envie
D'elle ni de sa fille, et très-peu me soucie
De la famille Agnant.
L'AVOCAT PLACET.
Vous savez sur l'honneur
Combien elle est terrible, et quelle est son humeur.
GOURVILLE L'AÎNÉ.
Je n'en sais rien du tout.
L'AVOCAT PLACET.
Pour venger son injure,
Sa main de deux soufflets a doué ma future
Devant monsieur Agnant et devant les valets.
GOURVILLE L'AÎNÉ.
Ma foi, cette journée est féconde en soufflets.
L'AVOCAT PLACET.
D'une telle leçon ma future excédée
Du logis maternel soudain s'est évadée :
On sait qu'elle est chez vous, et je m'en doutais bien;
Monsieur, il faut la rendre, et ma femme est mon bien.
Je vous rapporte ici vos lettres ridicules,
Où vous parlez toujours de péchés, de scrupules.
Rendez-moi sur-le-champ ses petits billets-doux;
Que tout ceci se passe en secret entre nous;
Et ne me forcez point d'aller à l'audience
Faire rougir Messieurs de votre extravagance.
GOURVILLE L'AÎNÉ.
Le diable vous emporte et vous et vos billets!
Vous me feriez jurer. Non, je ne vis jamais
Une si détestable et si lourde imposture.

L'AVOCAT PLACET.

Vous êtes donc, Monsieur, ravisseur et parjure!

GOURVILLE L'AÎNÉ.

Allez, vous êtes fou.

L'AVOCAT PLACET.

J'avais l'intention
De ménager céans la réputation
De l'objet que mon cœur destinait à ma couche :
Mais, puisque vous niez, puisque rien ne vous touche,
Que dans le crime enfin vous êtes endurci,
Adieu, Monsieur. Bientôt vous me verrez ici;
Je viendrai vous y prendre en bonne compagnie :
Les lois sauront punir ces excès d'infamie;
Et vous verrez s'il est un plus énorme cas
Que d'oser se jouer aux femmes d'avocats.

(Il sort.)

SCÈNE V.

GOURVILLE L'AÎNÉ, seul.

Que voilà pour m'instruire une bonne journée!
J'étais charmé de moi; ma sagesse obstinée
Se complaisait en elle, et j'admirais mon vœu
De fuir l'amour, le vin, les querelles, le jeu :
Je joue et je perds tout : certaine Aubert maudite
M'enlace en ses filets par sa mine hypocrite;
Je bois, on m'assassine : en tout point confondu,
Je paie encor l'amende ayant été battu.
Un bavard d'avocat, dans cette conjoncture,
Veut me persuader que j'ai pris sa future,

Et me vient menacer d'un procès criminel.
Garant peut me tirer de cet état cruel ;
Garant ne paraît point, il me laisse ; il emporte
Jusqu'aux clefs de ma chambre, et je reste à la porte,
N'osant, dans mes terreurs, ni fuir ni demeurer.
O sagesse ! à quel sort as-tu pu me livrer !
Voilà donc le beau fruit d'une étude profonde !
Ah ! si j'avais appris à connaître le monde,
Je ne me verrais pas au point où je me voi :
Mon libertin de frère est plus sage que moi.

SCÈNE VI.

GOURVILLE L'AÎNÉ, PICARD.

GOURVILLE L'AÎNÉ.

Qui frappe à coups pressés ? quel bruit, quel tintamarre !
Que fait-on donc là-bas ? est-ce une autre bagarre ?
Est-ce madame Aubert qui me vient harceler
Pour mille écus comptant qu'on m'a fait stipuler ?

PICARD, *accourant.*

Ah ! cachez-vous.

GOURVILLE L'AÎNÉ.

Quoi donc ?

PICARD.

Une mère affligée
Qui vient redemander une fille outragée.

GOURVILLE L'AÎNÉ.

Madame Aubert la mère ?

PICARD.

Un mari pris de vin
Qui prétend boire ici du soir jusqu'au matin.

GOURVILLE L'AÎNÉ.

Monsieur Aubert lui-même?

PICARD.

Et qui veut qu'on lui rende
Sa belle et chère enfant, que sa femme demande :
Tout retentit des cris de la dame en fureur;
Ses regards seulement m'ont fait trembler de peur;
Et, pour son premier mot, elle m'a fait entendre
Qu'elle venait céans pour nous faire tous pendre.

GOURVILLE L'AÎNÉ.

Ah! cela me manquait.

PICARD.

Quelques bonnets carrés,
Pour y mieux parvenir, sont avec elle entrés.
Déjà l'on verbalise.

GOURVILLE L'AÎNÉ.

Eh bien, que faut-il faire?
Où fuir? où me fourrer?

PICARD.

Venez, j'ai votre affaire;
Je m'en vais vous tapir au fond du galetas.

GOURVILLE L'AÎNÉ.

Ah! j'y cours me jeter de la fenêtre en bas.

PICARD.

Oui, oui, dépêchez-vous.

GOURVILLE L'AÎNÉ.

Allons, si j'en réchappe,
Sera bien fin, je crois, qui jamais m'y rattrape.
Monsieur, madame Aubert, et tous leurs grands docteurs,
Ces dévots du quartier et ces prédicateurs,

Ne tourmenteront plus ma simple bonhomie.
Je renonce à jamais à la théologie :
Je vois que j'en étais sottement entiché;
Et j'aurais moins mal fait d'être un franc débauché.

FIN DU TROISIÈME ACTE.

ACTE QUATRIÈME.

SCÈNE I.

LE JEUNE GOURVILLE, LISETTE.

LE JEUNE GOURVILLE.

J'y songe, j'y resonge; et tout cela, Lisette,
Me paraît impossible.

LISETTE.

Oui, mais la chose est faite.

LE JEUNE GOURVILLE.

N'importe, mon enfant; qu'elle soit faite ou non,
Ta maîtresse à ce point ne perd pas la raison.

LISETTE.

Bon! je la perds bien moi, Monsieur, moi qui raisonne,
Pour ce petit Picard.

LE JEUNE GOURVILLE.

Picard passe, ma bonne;
Mais pour Garant, l'objet de son aversion,
Un fat, un plat bourgeois, un ennuyeux fripon...

LISETTE.

Ah, la femme est si faible!

LE JEUNE GOURVILLE.

Il est très-vrai, ma reine;
Vous passez volontiers de l'amour à la haine :

Des exemples frappants le montrent chaque jour;
Mais vous ne passez point du mépris à l'amour.

LISETTE.

Tout ce qu'il vous plaira; mais j'ai quelques lumières;
J'en sais autant que vous sur ces grandes matières :
Un abbé, grand ami de madame Ninon,
Qui, dans mon jeune temps, fréquentait la maison,
Et qui même, entre nous, eut du goût pour Lisette,
Me disait que la femme est comme la girouette :
Quand elle est neuve encore, à toute heure on l'entend;
Elle brille aux regards, elle tourne à tout vent;
Elle se fixe enfin quand le temps l'a rouillée.

LE JEUNE GOURVILLE.

De ta comparaison j'ai l'ame émerveillée;
Fixe-toi pour Picard, rouille-toi, mon enfant :
Ninon n'en fera rien pour notre ami Garant.

LISETTE.

La chose est pourtant sûre.

LE JEUNE GOURVILLE.

Ouais! Ninon marguillière!

LISETTE.

Croyez-le.

LE JEUNE GOURVILLE.

Je le crois, et je ne le crois guère :
Mais on voit des marchés non moins extravagants,
Et Paris est rempli de ces événements.
Aujourd'hui l'on en rit, demain on les oublie;
Tout passe et tout renaît; chaque jour sa folie.
Mais quel train, quel fracas, quel trouble elle verra
Dans sa propre maison, lorsqu'elle y reviendra!

Comment sauver Agnant, cette fille si chère!
Que ferons-nous ici de mon benêt de frère,
De l'avocat Placet, et de madame Agnant?
LISETTE.
Ils ont déjà cherché dans chaque appartement;
Ils n'ont pu déterrer la petite Sophie.
LE JEUNE GOURVILLE.
Au fond je suis fâché que mon espiéglerie
Ait à mon frère aîné causé tant de tourment;
Mais il faut bien un peu décrasser un pédant :
Ce sont-là des leçons pour un grand philosophe.
LISETTE.
Oui; mais madame Agnant paraît d'une autre étoffe :
Elle est à craindre ici.
LE JEUNE GOURVILLE.
        Bon! tout s'apaisera;
Car enfin tout s'apaise : un quartaut suffira
Pour faire oublier tout au bon-homme de père;
Et plus en ce moment sa femme est en colère,
Plus nous verrons bientôt s'adoucir son humeur.

SCÈNE II.

GOURVILLE L'AÎNÉ, *poursuivi par* MADAME AGNANT,
M. AGNANT, L'AVOCAT PLACET, LE JEUNE GOURVILLE,
LISETTE, PICARD.

GOURVILLE L'AÎNÉ, *courant.*
Au secours!
MADAME AGNANT, *courant après lui.*
    Au méchant!

M. AGNANT, *courant après madame Agnant.*
Qu'on l'arrête.
L'AVOCAT PLACET, *courant après M. Agnant.*
Au voleur.
(*Ils font le tour du théâtre en poursuivant Gourville l'aîné.*)
GOURVILLE L'AÎNÉ.
Ah! j'ai le nez cassé!
MADAME AGNANT.
Je suis morte!
M. AGNANT.
Ah! ma femme!
Es-tu morte en effet?
MADAME AGNANT, *à Gourville l'aîné.*
Non... Séducteur infame,
Tu m'enlèves ma fille, impudent loup-garou,
Et de la mère encor tu viens casser le cou.
GOURVILLE L'AÎNÉ.
Eh, Madame, pardon!
MADAME AGNANT.
Détestable hypocrite!
L'AVOCAT PLACET.
Race de débauchés!
MADAME AGNANT.
Cœur faux! plume maudite!
Tu me rendras ma fille, ou je t'étranglerai.
GOURVILLE L'AÎNÉ.
Hélas! je la rendrai sitôt que je l'aurai.
MADAME AGNANT, *au jeune Gourville.*
Tu m'insultes encore!... Et toi qui fus si sage,
Parle, as-tu pu souffrir un pareil brigandage?

LE JEUNE GOURVILLE.
Madame, calmez-vous... Monsieur, écoutez-moi.
M. AGNANT.
Volontiers : tu parais un très-bon vivant, toi ;
Je t'ai toujours aimé.
LE JEUNE GOURVILLE.
     Rassurez-vous, mon frère ;
Vous, monsieur l'avocat, éclaircissons l'affaire ;
Entendons-nous.
M. AGNANT.
    Parbleu, l'on ne peut mieux parler ;
Il faut toujours s'entendre, et non se quereller.
LE JEUNE GOURVILLE.
Picard, apportez-nous ici sur cette table
De ce bon vin muscat.
M. AGNANT.
     Il est fort agréable.
J'en boirai volontiers, en ayant bu déjà ;
Asseyons-nous, ma femme, et pesons tout cela.
(Il s'assied auprès de la table.)
MADAME AGNANT.
Je n'ai rien à peser : il faut que l'on commence
Par me rendre ma fille.
L'AVOCAT PLACET.
    Oui, c'est la conséquence.
(Ils se rangent autour de M. Agnant, qui reste assis.)
GOURVILLE L'AÎNÉ.
Reprenez-la partout où vous la trouverez ;
Et que d'elle et de vous nous soyons délivrés.

MADAME AGNANT.

Eh bien, vous le voyez, encore il m'injurie,
L'effronté dissolu!

LE JEUNE GOURVILLE, *à part, à son frère.*

Mon frère, je vous prie,
Gardons-nous de heurter ses préjugés de front.

GOURVILLE L'AÎNÉ.

Non, je n'y puis tenir; tout ceci me confond.

LE JEUNE GOURVILLE, *prenant madame Agnant à part.*

Madame, vous savez combien je suis sincère.

M. AGNANT.

Il n'est point frelaté.

LE JEUNE GOURVILLE.

Je ne saurais vous taire
Que depuis quelque temps mon cher frère en effet
Eut avec votre fille un commerce secret.

GOURVILLE L'AÎNÉ.

Ça n'est pas vrai.

LE JEUNE GOURVILLE, *à son frère.*

Paix donc; c'est un commerce honnête,
Pur, moral, instructif, pour bien régler sa tête,
Pour éloigner son cœur d'un monde décevant,
Et pour la disposer à se mettre en couvent.

M. AGNANT.

Mettre en couvent ma fille! oh, le plaisant visage!

MADAME AGNANT.

C'est un impertinent.

GOURVILLE L'AÎNÉ.

Je vous dis...

ACTE IV, SCÈNE II.

LE JEUNE GOURVILLE, *faisant signe à son frère.*

Chut!

GOURVILLE L'AÎNÉ.

J'enrage!

L'AVOCAT PLACET.

Cette excuse louable est d'un cœur fraternel;
Mais, Monsieur, votre aîné n'est pas moins criminel.
Tenez, Monsieur, voilà ses missives infames,
Et ses instructions pour diriger les ames.

(*Il tire des lettres de dessous sa robe.*)

LE JEUNE GOURVILLE, *prenant les lettres.*

Prêtez-moi.

L'AVOCAT PLACET.

Les voilà.

LE JEUNE GOURVILLE.

D'un esprit attentif
J'en veux voir la teneur et le dispositif.

L'AVOCAT PLACET.

Mais il faut me les rendre.

LE JEUNE GOURVILLE.

Oui, mais je dois vous dire
Qu'avant de vous les rendre il me faudra les lire.

(*Il met les lettres dans sa poche; madame Agnant se jette dessus,
et en prend une.*)

GOURVILLE L'AÎNÉ.

Allez, ces lettres sont d'un faussaire.

MADAME AGNANT, *à Gourville l'aîné.*

Fripon,
Nîras-tu tes écrits! tiens, voici tout du long

Tes beaux enseignements dont ma fille se coeffe;
Les voici.

L'AVOCAT PLACET.

Nous devons les déposer au greffe.

MADAME AGNANT, *prenant des lunettes.*

Ecoute... « La vertu que je veux vous montrer
« Doit plaire à votre cœur, l'échauffer, l'éclairer.
« Votre vertu m'enchante, et la mienne me guide... »
Ah! je te donnerai de la vertu, perfide.

GOURVILLE L'AÎNÉ.

Je n'ai jamais écrit ces sottises.

LE JEUNE GOURVILLE, *versant à boire à M. Agnant.*

Voisin.

M. AGNANT.

De la vertu!

LE JEUNE GOURVILLE.

Voyons celle de ce bon vin.

(*A madame Agnant.*)

Madame, goûtez-en.

MADAME AGNANT, *ayant bu.*

Peste! il est admirable!

LE JEUNE GOURVILLE, *à M. Agnant.*

Vous en aurez ce soir, mon cher, sur votre table :
On vous porte un quartaut dont vous serez content.

M. AGNANT.

Non, je n'ai jamais vu de plus honnête enfant.

LE JEUNE GOURVILLE, *à l'avocat Placet.*

Et vous?

ACTE IV, SCÈNE II.

L'AVOCAT PLACET, *boit un coup.*

Il est fort bon ; mais vous ne pouvez croire
Qu'en l'état où je suis je vienne ici pour boire.

LE JEUNE GOURVILLE *en présente à son frère.*

Vous, mon frère.

GOURVILLE L'AÎNÉ.

Ah ! cessez vos ébats ennuyeux ;
Plus vous paraissez gai, plus je suis sérieux :
Après tant de chagrins et de tracasserie,
C'est une cruauté que la plaisanterie :
Dans ce jour de malheur, tout le quartier, je croi,
S'était donné le mot pour se moquer de moi.

(*A madame Agnant.*)

Ma voisine, à la fin, vous voilà bien instruite
Que si votre Sophie est par malheur en fuite,
Ce n'était pas pour moi qu'elle a fait ce beau tour ;
Ni vos yeux ni les siens ne m'ont donné d'amour.

MADAME AGNANT.

Mes yeux, méchant !

GOURVILLE L'AÎNÉ.

Vos yeux. C'est une calomnie,
Un mensonge effroyable inventé par l'envie.
Vous en rapportez-vous au bon monsieur Garant ?
Nous l'attendons ici de moment en moment :
Il connaît assez bien quelle est mon écriture ;
Et dans sa poche même il a ma signature.
Il a jusqu'à la clef de mon appartement,
Où lui-même a laissé tout mon argent comptant.
Il me rendra justice.

MADAME AGNANT.
>Oh! c'est un honnête homme!

L'AVOCAT PLACET.

Un grand homme de bien.

LE JEUNE GOURVILLE.
>Chacun ainsi le nomme.

MADAME AGNANT.

Un homme franc, tout rond.

M. AGNANT.
>L'oracle du quartier.

LE JEUNE GOURVILLE.

Madame, entre nous tous, je veux vous confier
Quelle est à ce sujet ma pensée.

M. AGNANT, *en buvant, et le regardant ensuite fixement.*
>Oui, confie.

LE JEUNE GOURVILLE.

Je crois que c'est chez lui que la belle Sophie
A couru se cacher pour fuir votre courroux,
Et pour qu'il la remît en grâce auprès de vous :
Dans toute la paroisse il prend soin des affaires,
Très-charitablement, des filles et des mères.

MADAME AGNANT.

Vraiment, l'avis est bon.

LE JEUNE GOURVILLE.
>Mademoiselle Agnant

A du cœur; elle pense, et n'est plus une enfant;
Vous l'avez souffletée, elle s'en est sentie
Un peu trop vivement, et puis elle est partie.

ACTE IV, SCÈNE II.

M. AGNANT, *toujours assis, et le verre à la main.*
C'est votre faute aussi, ma femme; et, franchement,
Vous deviez avec elle agir moins durement :
Vous avez la main prompte, et vous êtes la cause
De tout notre malheur.

LE JEUNE GOURVILLE.
            Mon Dieu, c'est peu de chose.
Allez, tout ira bien... J'entends monsieur Garant,
Il revient; parlez-lui, mon frère, et promptement.
Sur tous les marguilliers on sait votre influence;
Déployez avec lui votre rare éloquence.

GOURVILLE L'AÎNÉ.
Que lui dire?

LE JEUNE GOURVILLE.
    Vous seul pouvez persuader.

GOURVILLE L'AÎNÉ.
Persuader! eh quoi?

LE JEUNE GOURVILLE.
        Tout va s'accommoder.

GOURVILLE L'AÎNÉ.
Comment?

LE JEUNE GOURVILLE.
    Vous seul pouvez manier cette affaire,
Vous seul rendrez Sophie à sa charmante mère.

GOURVILLE L'AÎNÉ.
Moi?

MADAME AGNANT.
Va, si tu la rends, je te pardonne tout.

GOURVILLE L'AÎNÉ.
Je n'entends rien...

LE JEUNE GOURVILLE.

D'un mot vous en viendrez à bout.

GOURVILLE L'AÎNÉ.

Allons donc.

(*Il sort.*)

LE JEUNE GOURVILLE.

Vous mettrez la paix dans le ménage.

M. AGNANT, *montrant le jeune Gourville.*

Ma femme, ce jeune homme est un esprit bien sage.

SCÈNE III.

LES PERSONNAGES PRÉCÉDENTS, LE JEUNE GOURVILLE, *prenant par la main* M. *et* MADAME AGNANT, *et se mettant entre eux.*

LE JEUNE GOURVILLE.

Puisqu'il n'est plus ici, je puis avec candeur,
Madame, en liberté vous ouvrir tout mon cœur.
J'ai traité devant lui cette importante affaire
Comme peu dangereuse, et j'excusais mon frère;
Mais je dois avec vous faire réflexion
Que nous hasardons tous la réputation
D'une fille nubile, et sous vos yeux instruite,
Au chemin de l'honneur par vos leçons conduite :
Ce chemin de l'honneur est tout-à-fait glissant;
Ceci fera du bruit, le monde est médisant.

MADAME AGNANT.

Et c'est ce que je crains.

LE JEUNE GOURVILLE.

Une fille enlevée,
Avec procès-verbal chez un homme trouvée :

ACTE IV, SCÈNE III.

Vous sentez bien, Madame, et vous comprenez bien
Que de tout le Marais ce sera l'entretien;
Qu'il en faut prévenir la triste conséquence.

M. AGNANT.

Par ma foi, ce jeune homme est rempli de prudence.

LE JEUNE GOURVILLE.

J'ai fort à cœur aussi, dans ce fâcheux éclat,
Le propre honneur lésé de monsieur l'avocat.
Que pensera tout l'ordre en voyant un confrère
Qui prend, sans respecter son grave caractère,
Une fille à ses yeux enlevée aujourd'hui,
Dont un autre est aimé?... fi! j'en rougis pour lui.

L'AVOCAT PLACET.

Mais, Monsieur, c'est moi seul que cette affaire touche:
On me donne une dot qui doit fermer la bouche
Aux malins envieux, prêts à tout censurer;
Dix mille écus comptant sont à considérer.

M. AGNANT, *toujours bien fixe et l'air un peu hébété
d'un buveur honnête.*

Vous avez de gros biens?

L'AVOCAT PLACET.

Oui, j'ai mon éloquence,
Mon étude, ma voix, les plaideurs, l'audience.

LE JEUNE GOURVILLE.

Madame, je vous plains; j'avoue ingénument
Qu'on devait respecter un tel engagement.
Mon frère a fait sans doute une grande sottise
D'enlever la future à ce futur promise.

Il n'en peut résulter qu'une triste union,
Pleine de jalousie et de dissension.
Les deux futurs ensemble à peine pourraient vivre.

MADAME AGNANT.

J'en ai peur en effet.

M. AGNANT.

Il parle comme un livre.

Il a toujours raison.

LE JEUNE GOURVILLE.

Par un destin fatal,
Vous voyez que mon frère a seul fait tout le mal;
C'est votre propre sang, c'est l'honneur qu'il vous ôte.
Madame c'est à moi de réparer sa faute :
Pour Sophie, il est vrai, je n'eus aucun desir;
Mais je l'épouserai pour vous faire plaisir.

M. AGNANT.

Parbleu, je le voudrais.

L'AVOCAT PLACET.

Moi, non.

MADAME AGNANT.

Quelle folie!
Tu n'as rien : un cadet de Basse-Normandie
Est plus riche que toi.

LE JEUNE GOURVILLE.

D'aujourd'hui seulement
Notre belle Ninon m'a fait voir clairement
Que j'ai cent mille francs que m'a laissés mon père :
Monsieur Garant lui-même en est dépositaire.

MADAME AGNANT.

Cent mille francs! grand Dieu!

ACTE IV, SCÈNE III.

M. AGNANT.

Ma foi, j'en suis charmé.

LE JEUNE GOURVILLE.

De Sophie, il est vrai, je ne suis point aimé :
Mais je suis à sa mère attaché pour ma vie;
Et ce n'est que pour vous que je me sacrifie.

MADAME AGNANT.

Et la somme, mon fils, est chez monsieur Garant?

LE JEUNE GOURVILLE.

Sans doute; il en convient.

L'AVOCAT PLACET.

J'en doute fortement.

MADAME AGNANT, *à M. Agnant.*

Cent mille francs, mon cher!

M. AGNANT.

Cent mille francs, ma femme!
Ah! ça me plaît.

MADAME AGNANT.

Ça va jusqu'au fond de mon ame.
Cent mille francs, mon fils!

LE JEUNE GOURVILLE.

J'ai quelque chose avec.

M. AGNANT.

Il est plein de mérite, et d'ailleurs il boit sec.

L'AVOCAT PLACET.

Mais songez, s'il vous plaît...

M. AGNANT.

Tais-toi; je vais le prendre,
Dès ce même moment, à ton nez, pour mon gendre.

L'AVOCAT PLACET.

Comment, Madame, après des articles conclus! Stipulés par vous-même!

MADAME AGNANT.

Ils ne le seront plus.

(*Elle le pousse.*)

Cent mille francs... Allez.

M. AGNANT, *le poussant d'un autre côté.*

Dénichez au plus vite.

MADAME AGNANT, *lui faisant faire la pirouette à droite.*

Allez plaider ailleurs.

M. AGNANT, *lui faisant faire la pirouette à gauche.*

Cherchez un autre gîte.

Cent mille francs!

L'AVOCAT PLACET.

Je vais vous faire assigner tous.

LE JEUNE GOURVILLE, *en le retournant.*

N'y manquez pas.

M. AGNANT.

Bon soir.

MADAME AGNANT.

Allons, arrangeons-nous.

(*L'avocat Placet sort.*)

SCÈNE IV.

LE JEUNE GOURVILLE, M. AGNANT, MADAME AGNANT.

M. AGNANT.

Mais, que n'as-tu plus tôt expliqué ton affaire ?
Pourquoi de ta fortune as-tu fait un mystère ?

LE JEUNE GOURVILLE.

Ce n'est que d'aujourd'hui que j'en suis assuré.
Monsieur Garant m'a dit que ce dépôt sacré
Etait entre ses mains.

M. AGNANT.

              C'est comme dans les tiennes.

MADAME AGNANT.

Tout de même : et ma fille ? afin que tu la tiennes,
Il faut que je la trouve.

LE JEUNE GOURVILLE.

              Oh ! l'on vous la rendra.

M. AGNANT.

Elle ne revient point ; donc elle reviendra.

LE JEUNE GOURVILLE.

Mais ne lui donnez plus de soufflets, je vous prie ;
Cela cabre un esprit.

M. AGNANT.

            Ça peut l'avoir aigrie.

MADAME AGNANT.

Ça n'arrivera plus... c'est chez l'ami Garant
Que tu la crois cachée ?

LE JEUNE GOURVILLE.

Oui, très-certainement :
Et je vais de ce pas tout préparer, ma mère,
Pour remettre en vos bras une fille si chère.

(*Il fait un pas pour sortir.*)

MADAME AGNANT, *l'embrassant.*

Il faut que je t'embrasse.

M. AGNANT.

Oui, j'en veux faire autant.

MADAME AGNANT.

Reviens bien vite au moins.

LE JEUNE GOURVILLE.

Je revole à l'instant.

MADAME AGNANT, *l'arrêtant encore.*

Ecoute encore un peu, mon cher ami, mon gendre ;
En famille avec toi quels plaisirs je vais prendre !
Je ne puis te quitter... va, mon fils... sois certain
Que ma fille est ta femme.

LE JEUNE GOURVILLE.

Oui, tel fut mon dessein.

MADAME AGNANT.

Tu réponds d'elle ?

LE JEUNE GOURVILLE, *en s'en allant.*

Oh, oui, tout comme de moi-même.

MADAME AGNANT.

Quel bon ami j'ai là ! mon Dieu, comme je l'aime !

SCÈNE V.

M. AGNANT, MADAME AGNANT.

M. AGNANT.
Par ma foi, notre gendre est un charmant garçon.
MADAME AGNANT.
Oh! c'est bien élevé. La voisine Ninon
Vous a formé cela; c'est une dégourdie,
Qui sait bien mieux que nous ce que c'est que la vie,
Un grand esprit.
M. AGNANT.
　　　Ah, ah!
MADAME AGNANT.
　　　　　Je voudrais l'égaler;
Mais sitôt qu'elle parle, on n'ose plus parler.
M. AGNANT.
On dit qu'elle entend tout, et même les affaires;
Une bonne caboche!
MADAME AGNANT.
　　　　　On dit que les deux frères
Lui doivent ce qu'ils sont : comment? cent mille francs!
L'avocat n'aurait pu les gagner en trente ans;
Ce n'est rien qu'un bavard.
M. AGNANT.
　　　　　Un pédant imbécille,
Fait pour rincer au plus les verres de Gourville.

SCÈNE VI.

M. AGNANT, MADAME AGNANT, M. GARANT.

MADAME AGNANT.

Eh bien, monsieur Garant, enfin tout est conclu.

M. GARANT.

Oui, ma chère voisine, et le Ciel l'a voulu.

MADAME AGNANT.

Quel bonheur!

M. GARANT.

Il est vrai qu'on a sur sa conduite
Glosé bien fortement; mais l'hymen, par la suite,
Vous passe un beau vernis sur ces péchés mignons.

MADAME AGNANT.

L'escapade, Monsieur, que nous lui reprochons,
Ne peut se mettre au rang des fautes criminelles.

M. GARANT.

La réputation revient d'ailleurs aux belles
Ainsi que les cheveux : et puis considérons
Qu'elle a bien du crédit, des amis, des patrons;
Et qu'outre sa richesse à tous les deux commune,
Elle pourra me faire une grande fortune.

MADAME AGNANT.

Une fortune, à vous!

M. AGNANT.

Je suis tout interdit.
Ma fille de grands biens, des patrons, du crédit!
Quels discours!

ACTE IV, SCÈNE VI.

MADAME AGNANT.

Il est vrai qu'elle est assez gentille :
Mais du crédit !

M. GARANT.

Qui parle ici de votre fille ?

MADAME AGNANT.

De qui donc parlez-vous ?

M. GARANT.

De la belle Ninon
Que j'épouse ce soir, ici, dans sa maison ;
Je vous prie à la noce, et vous devez en être.

MADAME AGNANT.

Comment ! vous épousez notre Ninon ?

M. AGNANT.

Mon maître,
Est-il bien vrai ?

M. GARANT.

Très-vrai.

M. AGNANT.

J'en suis parbleu touché.
Vous ne pourriez jamais faire un meilleur marché.

MADAME AGNANT.

Et moi je vous disais que je donne Sophie
A mon petit Gourville, et qu'elle s'est blottie
Chez vous en votre absence, et qu'elle en va sortir
Pour serrer ces doux nœuds que je viens d'assortir,
Et qu'il nous faut donner, pour aider leur tendresse,
Cent mille francs comptant que vous avez en caisse.

M. AGNANT.

Oui, tant qu'il vous plaira, mariez-vous ici ;
Mais, parbleu, permettez qu'on se marie aussi.

M. GARANT.

Rêvez-vous, mes voisins ? et ce petit délire
Vous prend-il quelquefois ? Qui diable a pu vous dire
Que Sophie est chez moi, que Gourville aujourd'hui
Aura cent mille francs, qui sont tout prêts pour lui ?

MADAME AGNANT.

Je le tiens de sa bouche.

M. AGNANT.

Il nous l'a dit lui-même.

M. GARANT.

De ce jeune étourdi la folie est extrême ;
Il séduit tour-à-tour les filles du Marais ;
Il leur fait des serments d'épouser leurs attraits ;
Et pour les mieux tromper, il fait accroire aux mères
Qu'il a cent mille francs placés dans mes affaires.
Il n'en est pas un mot, et je ne lui dois rien.
Monsieur son frère et lui sont tous les deux sans bien ;
Et tous deux au logis cesseront de paraître,
Dès le premier moment que j'en serai le maître.

MADAME AGNANT.

Vous n'avez pas à lui le moindre argent comptant ?

M. GARANT.

Pas un denier.

MADAME AGNANT.

Mon Dieu, le méchant garnement !

M. AGNANT, *en buvant un coup.*

C'est dommage.

ACTE IV, SCÈNE VI.

MADAME AGNANT.
Ma fille, à mes bras enlevée,
Après dîné chez vous ne s'était pas sauvée?

M. GARANT.
Il n'en est pas un mot.

MADAME AGNANT.
Les deux frères, je voi,
D'accord pour m'outrager, s'entendent contre moi.

M. AGNANT.
Les fripons que voilà!

M. GARANT.
Toujours de ces deux frères
J'ai craint, je l'avoûrai, les méchants caractères.

MADAME AGNANT.
Tous deux m'ont pris ma fille! ah! j'en aurai raison;
Et je mettrai plutôt le feu dans la maison.

M. GARANT.
La maison m'appartient; gardez-vous-en, ma bonne.

MADAME AGNANT.
Quoi donc! pour épouser nous n'aurons plus personne?
Allons, courons bien vite après notre avocat;
Il vaudra mieux que rien.

M. AGNANT, *avec le geste d'un homme ivre.*
Ma femme, il est bien plat.

FIN DU QUATRIÈME ACTE.

ACTE CINQUIÈME.

SCÈNE I.

NINON, LISETTE.

LISETTE.

Ah, Madame, quel train! quel bruit dans votre absence!
Quel tumulte effroyable, et quelle extravagance!
NINON.
Je sais ce qu'on a fait : je prétends calmer tout;
Et j'ai pris les devants pour en venir à bout.
LISETTE.
Madame, contre moi ne soyez point fâchée
Que la petite Agnant se soit ici cachée :
Hélas! j'en aurais fait de bon cœur tout autant,
Si j'avais eu pour mère une madame Agnant.
Comment! battre sa fille! ah! c'est une infamie.
NINON.
Oui, ce trait ne sent pas la bonne compagnie.
Notre pauvre Gourville en est encore ému.
LISETTE.
Il l'adore en effet.
NINON.
     Lisette, que veux-tu?
Il faut pour la jeunesse être un peu complaisante :
Ninon aurait grand tort de faire la méchante.
La jeune Agnant me touche.

LISETTE.
                A peine je conçois
Comment nos plats voisins, avec leur air bourgeois,
Ont trouvé le secret de nous faire une fille
Si pleine d'agréments, si douce, si gentille.
NINON.
Dès la première fois son maintien me surprit,
Sa grâce me charma, j'aimai son tour d'esprit.
Des femmes quelquefois assez extravagantes,
Ayant de sots maris, font des filles charmantes.
Il fallut bien souffrir de ses très-sots parents
La visite importune et les plats compliments;
Sa mère m'excéda par droit de voisinage :
Sa fille était tout autre; elle obtint mon suffrage.
Elle aura quelque bien : Gourville, en l'épousant,
N'est point forcé de vivre avec madame Agnant.
On respecte beaucoup sa chère belle-mère,
On la voit rarement, encor moins le beau-père.
Je me trompe, ou Sophie est bonne par le cœur;
Point de coquetterie, elle aime avec candeur.
Je veux aux deux amants faire des avantages.
LISETTE.
Vous allez donc ce soir bâcler trois mariages,
Celui de ces enfants, le vôtre, et puis le mien.
Madame, en un seul jour, c'est faire assez de bien :
Il faudrait tout d'un temps, dans votre zèle extrême,
Pour notre aîné Gourville en faire un quatrième :
Le mariage forme et dégourdit les gens.
NINON.
Il en a grand besoin : tout vient avec le temps.

Dans la rage qu'il eut d'être trop raisonnable,
Il ne lui manqua rien que d'être supportable :
Mais les fortes leçons qu'il vient de recevoir,
Sur cet esprit flexible ont eu quelque pouvoir :
Pour toi, ton tour approche, et ton affaire est prête.
Mon cher ami Garant s'était mis dans la tête
De t'engager, Lisette, à me parler pour lui :
Il t'a promis beaucoup, est-il vrai?

LISETTE.

Madame, oui.

NINON.

Un peu de différence est entre sa personne
Et la mienne peut-être; il promet, et je donne :
Prends cinquante louis, pour subvenir aux frais
De ton nouveau ménage.

SCÈNE II.

NINON, LISETTE, PICARD.

LISETTE.

Ah! Picard, quels bienfaits!
(*En montrant la bourse.*)
Vois-tu cela?

PICARD.

Madame, il faut d'abord vous dire
Que mon bonheur est grand... et que je ne desire
Rien plus... sinon qu'il dure... et que Lisette et moi
Nous sommes obligés... Mais aide-moi donc, toi;
Je ne sais point parler.

ACTE V, SCÈNE II.

NINON.

J'aime ton éloquence,
Picard, et je me plais à ta reconnaissance.

PICARD.

Ah! Madame, à vos pieds ici nous devons tous...

NINON.

Nous devons rendre heureux quiconque est près de nous.
Pour ceux qui sont trop loin, ce n'est pas notre affaire.
Çà, notre ami Picard, il faut ne me rien taire
De ce qu'on fait chez moi tandis qu'en liberté
J'ai choisi loin du bruit cet endroit écarté.

PICARD.

D'abord un homme noir raisonne et gesticule
Avec monsieur Garant; et les mots de scrupule,
De probité, d'honneur, de raisons, de devoirs,
M'ont saisi de respect pour ces deux manteaux noirs.
L'un dicte, l'autre écrit, disant qu'il instrumente
Pour le faire bien riche, et vous rendre contente,
Et qu'il fait un contrat.

NINON.

Oui, c'est l'intention
De ce monsieur Garant si plein d'affection.

PICARD.

C'est un digne homme!

NINON.

Oh, oui!.. Mais dis-moi, je te prie,
Que fait madame Agnant?

PICARD.

Mais, Madame, elle crie,

Elle gronde vos gens, messieurs Gourville, et moi,
Son mari, tout le monde, et dit qu'on est sans foi;
Et dit qu'on l'a trompée; et que sa fille est prise;
Et dit qu'il faudra bien que quelqu'un l'indemnise :
Et puis elle s'apaise et convient qu'elle a tort;
Puis dit qu'elle a raison, et crie encor plus fort.

NINON.

Et monsieur son époux?

PICARD.

En véritable sage,
Il voit sans sourciller tout ce remu-ménage;
Et, pour fuir les chagrins qui pourraient l'occuper,
Il s'amusait à boire attendant le souper.

NINON.

Que fait notre Gourville?

PICARD.

En son humeur plaisante
Il les amuse tous, et boit, et rit, et chante.

NINON.

Et l'autre frère?

PICARD.

Il pleure.

NINON.

Ah! j'aime à voir les gens
Dans leur vrai caractère à nos yeux se montrants.
Monsieur le marguillier est bien le seul peut-être
Qui voudrait dans le fond qu'on pût le méconnaître;
Malgré sa modestie on le découvre assez...
Ah! voici notre aîné qui vient les yeux baissés.

SCÈNE III.

NINON, GOURVILLE L'AÎNÉ, LISETTE, PICARD.

GOURVILLE L'AÎNÉ, *vêtu plus régulièrement, mieux coiffé, et l'air plus honnête.*
Vous me voyez, Madame, après d'étranges crises
Bien sot et bien confus de toutes mes bêtises :
Je ne mérite pas votre excès de bonté,
Dont tout en plaisantant mon frère m'a flatté.
Hélas! j'avais voulu, dans ma mélancolie,
Et dans les visions de ma sombre folie,
Me séparer de vous, et donner la maison
Que vos propres bienfaits ont mise sous mon nom.

NINON.
Tout est raccommodé. J'avais pris mes mesures;
Tout va bien.

GOURVILLE L'AÎNÉ.
   Vous pourriez pardonner tant d'injures!
J'étais coupable et sot.

NINON.
    Ah! vos yeux sont ouverts;
Vous démêlez enfin ces esprits de travers,
Ces cagots insolents, ces sombres rigoristes
Qui pensent être bons quand ils ne sont que tristes;
Et ces autres fripons n'ayant ni feu ni lieu,
Qui volent dans la poche en vous parlant de Dieu,
Ces escrocs recueillis, et leurs plates bigotes
Sans foi, sans probité, plus méchantes que sottes.

Allez, les gens du monde ont cent fois plus de sens,
D'honneur, et de vertu, comme plus d'agréments.
GOURVILLE L'AÎNÉ.
Vous en êtes la preuve.
NINON.
   Ainsi la politesse
Déjà dans votre esprit succède à la rudesse;
Je vous vois dans le train de la conversion :
Vous deviendrez aimable, et j'en suis caution.
Mais comment trouvez-vous ce grave personnage
Que mon bizarre sort me donne en mariage?
GOURVILLE L'AÎNÉ.
Il ne m'appartient plus d'avoir un sentiment;
Tout ce que vous ferez, sera fait prudemment.
NINON.
Blâmeriez-vous tout bas une union si chère?
GOURVILLE L'AÎNÉ.
Je n'ose plus blâmer; mais quand je considère
Que pour nous séparer, pour m'entraîner ailleurs,
Il vous a peinte à moi des plus noires couleurs,
Qu'il voulait vous chasser de votre maison même...
NINON.
Oh! c'était par vertu; dans le fond Garant m'aime,
Il ne veut que mon bien : c'est un homme excellent;
Mais ne lui donnez plus la clef de votre argent;
Et surtout gardez-vous un peu de ses cousines.
GOURVILLE L'AÎNÉ.
Ah! que ces prudes-là sont de grandes coquines!
Quel antre de voleurs! et cependant enfin
Vous allez donc, Madame, épouser le cousin!

ACTE V, SCÈNE III.

NINON.

Reposez-vous sur moi de ce que je vais faire :
Allez, croyez surtout qu'il était nécessaire
Que j'en agisse ainsi pour sauver votre bien :
Un seul moment plus tard, vous n'aviez jamais rien.

GOURVILLE L'AÎNÉ.

Comment?

NINON.

Vous apprendrez, par des faits admirables,
De quoi des marguilliers sont quelquefois capables ;
Vous serez convaincu bientôt, comme je croi,
Que ces hommes de bien sont différents de moi :
Vous y renoncerez pour toute votre vie ;
Et vous préférerez la bonne compagnie.

GOURVILLE L'AÎNÉ.

Je ne réplique point. Honteux, désespéré
Des sauvages erreurs dont j'étais enivré,
Je vous fais de mon sort la souveraine arbitre ;
Et dépendant de vous, je veux vivre à ce titre.

SCÈNE IV.

NINON, GOURVILLE L'AÎNÉ, GOURVILLE LE JEUNE
amenant M. *et* MADAME AGNANT; LISETTE, PICARD.

LE JEUNE GOURVILLE.

Adorable Ninon, daignez tranquilliser
Notre madame Agnant qu'on ne peut apaiser.

M. AGNANT.

Elle a tort.

MADAME AGNANT.

Oui, j'ai tort quand ma fille est perdue,
Qu'on ne me la rend point!

LE JEUNE GOURVILLE.

Eh, mon Dieu, je me tue
De vous dire cent fois qu'elle est en sûreté.

MADAME AGNANT.

Est-ce donc ce benêt... ou toi, jeune éventé,
Qui m'as pris ma Sophie?

GOURVILLE L'AÎNÉ.

Hélas! soyez très-sûre
Que je n'y prétends rien.

LE JEUNE GOURVILLE.

Eh bien, moi, je vous jure
Que j'y prétends beaucoup.

MADAME AGNANT.

Va, tu n'es qu'un vaurien,
Un fort mauvais plaisant, sans un écu de bien.
J'avais un avocat dont j'étais fort contente;
Je prétends qu'il revienne, et veux qu'il instrumente
Contre toi pour ma fille; et tes cent mille francs
Ne me tromperont pas, mon ami, plus long-temps :
Ni vous non plus, Madame.

NINON.

Ecoutez-moi, de grâce,
Souffrez sans vous fâcher que je vous satisfasse.

MADAME AGNANT.

Ah! souffrez que je crie; et quand j'aurai crié,
Je veux crier encore.

ACTE V, SCÈNE IV.

M. AGNANT.
Eh, tais-toi, ma moitié :
Madame Ninon parle; écoutons sans rien dire.

NINON.
Mes bons, mes chers voisins, daignez d'abord m'instruire
Si c'est votre intérêt et votre volonté
De donner votre fille et sa propriété
A mon jeune Gourville, en cas que par mon compte
A cent bons mille francs sa fortune se monte?

M. AGNANT.
Oui, parbleu, ma voisine.

NINON.
Eh bien, je vous promets
Qu'il aura cette somme.

MADAME AGNANT.
Ah! cela va bien.... Mais
Pour finir ce marché que de grand cœur j'approuve,
Pour marier Sophie, il faut qu'on la retrouve;
On ne peut rien sans elle.

NINON.
Eh bien! je veux encor
M'engager avec vous à rendre ce trésor.

M. ET MADAME AGNANT.
Ah!

NINON.
Mais auparavant je me flatte, j'espère,
Que vous me laisserez finir ma grande affaire
Avec le vertueux, le bon monsieur Garant.

MADAME AGNANT.
Oui, passe, et puis la mienne ira pareillement.

PICARD.

Et puis la mienne aussi.

M. AGNANT.

C'est une comédie ;
Personne ne s'entend, et chacun se marie.
(*A Gourville l'aîné.*)
Soupera-t-on bientôt? Allons, mon grand flandrin,
Il faut que je t'apprenne à te connaître en vin.

GOURVILLE L'AÎNÉ.
(*A Ninon.*)

J'y suis bien neuf encore... A tout ce grand mystère
Ma présence, Madame, est-elle nécessaire?

NINON.

Vraiment oui; demeurez : vous verrez avec nous
Ce que monsieur Garant veut bien faire pour vous;
Et nous aurons besoin de votre signature.

LISETTE.

Je sais signer aussi.

NINON.

Nous allons tout conclure.

M. AGNANT.

Eh bien, tu vois, ma femme, et je l'avais bien dit,
Que madame Ninon, avec son grand esprit,
Saurait arranger tout.

MADAME AGNANT.

Je ne vois rien paraître.

NINON.

Voilà monsieur Garant; vous allez tout connaître.

SCÈNE V.

LES PERSONNAGES PRÉCÉDENTS, M. GARANT, *après avoir salué la compagnie qui se range d'un côté, tandis que M. Garant et Ninon se mettent de l'autre ; les domestiques derrière.*

M. GARANT, *en serrant la main de Ninon.*
La raison, l'intérêt, le bonheur vous attend.
Voici notre acte en forme et dressé congrûment,
Avec mesure et poids, d'une manière sage,
Selon toutes les lois, la coutume et l'usage.
(*A madame Agnant.*)   (*A M. Agnant.*)
Madame, permettez... Un moment, mon voisin.

NINON.
De mon côté, je tiens un charmant parchemin.

M. GARANT.
Le ciel le bénira ; mais, avant d'y souscrire,
A l'écart, s'il vous plaît, mettons-nous pour le lire.

NINON.
Non ; mon cœur est si plein de tous vos tendres soins,
Que je n'en puis avoir ici trop de témoins :
Et même j'ai mandé des amis, gens d'élite,
Qui publîront mon choix et tout votre mérite.
Nous souperons ensemble ; ils seront enchantés
De votre prud'hommie et de vos loyautés.
Sans doute ce contrat porte en gros caractères
Les deux cent mille francs qui sont pour les deux frères ?

M. GARANT.
J'ignore ce qu'on peut leur devoir en effet ;
Et cela n'entre point dans l'état mis au net

Des stipulations entre nous énoncées.
Ce sont, vous le savez, des affaires passées;
Et nous étions d'accord qu'on n'en parlerait plus.

M. AGNANT.

Comment?

MADAME AGNANT.

A tout moment cent mille francs perdus!
Ma fille aussi! sortons de ce franc coupe-gorge,
(*Montrant le jeune Gourville.*)
Où chacun me trompait, où ce traître m'égorge.
(*A Gourville l'aîné.*)
Et c'est vous, grand nigaud, dont les séductions
M'ont valu mes chagrins, m'ont causé tant d'affronts :
Ma fille paira cher son énorme sottise.

GOURVILLE L'AÎNÉ.

Vous vous trompez.

LISETTE.

Voici le moment de la crise.

LE JEUNE GOURVILLE, *arrêtant M. et madame Agnant, et les ramenant tous deux par la main.*

Mon Dieu, ne sortez point; restez, mon cher Agnant:
Quoi qu'il puisse arriver, tout finira gaîment.

NINON, *à M. Garant dans un coin du théâtre, tandis que le reste des acteurs est de l'autre.*

Il faut les adoucir par de bonnes paroles.

M. GARANT.

Oui, qui ne disent rien, là... des raisons frivoles,
Qu'on croit valoir beaucoup.

ACTE V, SCÈNE V.

NINON.

Laissez-moi m'expliquer :
Et si dans mes propos un mot peut vous choquer,
N'en faites pas semblant.

M. GARANT.

Ah, vraiment! je n'ai garde.

MADAME AGNANT, *à M. Agnant.*

Que disent-ils de nous?

NINON, *à M. Garant.*

Et si je me hasarde
De vous interroger, alors vous répondrez.
Madame, et vous Gourville, enfin vous apprendrez
Quels sont mes sentiments, et quelles sont mes vues.

MADAME AGNANT.

Ma foi, jusqu'à présent elles sont peu connues.

NINON, *à madame Agnant.*

Vous voulez votre fille et de l'argent comptant?

MADAME AGNANT.

Oui; mais rien ne nous vient.

NINON.

Il faut premièrement
Vous mettre tous au fait... Feu monsieur de Gourville
Me confia ses fils, et je leur fus utile :
Il ne put leur laisser rien par son testament;
Vous en savez la cause.

MADAME AGNANT.

Oui.

NINON.

Mais, par supplément,

Il voulut faire choix d'un fameux personnage,
Justement honoré dans tout le voisinage,
Et bien recommandé par des gens vertueux
Et ses amis secrets, tous bien d'accord entre eux;
Et cet homme de bien nommé son légataire,
Cet homme honnête et franc, c'est monsieur.

M. GARANT, *faisant la révérence à la compagnie.*

C'est me faire
Mille fois trop d'honneur.

NINON.

C'est à lui qu'on légua
Les deux cent mille francs qu'en hâte il s'appliqua.
Des esprits prévenus eurent la fausse idée
Qu'une somme si forte et par lui possédée
N'était rien qu'un dépôt qu'entre ses mains il tient,
Pour le rendre aux enfants auxquels il appartient.
Mais il n'est pas permis, dit-on, qu'ils en jouissent,
C'est un crime effroyable, et que les lois punissent.
(*A M. Garant.*)
N'est-ce pas?

M. GARANT.

Oui, Madame.

NINON.

Et ces graves délits,
Comment les nomme-t-on?

M. GARANT.

Des fidéicommis.

NINON.

Et, pour se mettre en règle, il faut qu'un honnête homme
Jure qu'à son profit il gardera la somme?

ACTE V, SCÈNE V.

M. GARANT.

Oui, Madame.

LE JEUNE GOURVILLE.

Ah! fort bien.

M. AGNANT.

Et monsieur a juré
Qu'il gardera le tout?

M. GARANT.

Oui, je le garderai.

MADAME AGNANT, *au jeune Gourville.*

De ta femme, ma foi, voilà la dot payée.
J'enrage. Ah! c'en est trop.

NINON.

Soyez moins effrayée;
Et daignez, s'il vous plaît, m'écouter jusqu'au bout.

GOURVILLE L'AÎNÉ.

Pour moi, de cet argent je n'attends rien du tout;
Et je me sens, Madame, indigne d'y prétendre.

LE JEUNE GOURVILLE.

Pour moi, je le prendrais, au moins pour le répandre

NINON.

Poursuivons... Toujours prêt de me favoriser,
Monsieur, me croyant riche, a voulu m'épouser,
Afin que nous puissions dans des emplois utiles
Nous enrichir encor du bien des deux pupilles.

M. GARANT.

Mais il ne fallait pas dire cela.

NINON.

Si fait,
Rien ne saurait ici faire un meilleur effet.

(*Aux autres personnages.*)
Il faut vous dire enfin qu'aussitôt que Gourville
Eut fait son testament, un ami difficile,
Un esprit de travers, eut l'injuste soupçon
Que votre marguillier pourrait être un fripon.

M. GARANT.

Mais vous perdez la tête!

NINON.

Eh, mon Dieu, non, vous dis-je.
Gourville, épouvanté, dans l'instant se corrige;
Et peut-être trompé, mais sain d'entendement,
Il fait, sans en rien dire, un second testament:
Il m'a fallu courir long-temps chez les notaires
Pour y faire apposer les formes nécessaires,
Payer de certains droits qui m'étaient inconnus:
Et, si j'avais tardé, les miens étaient perdus:
Monsieur gardait l'argent pour son beau mariage.
Tenez; voilà, je pense, un testament fort sage:
Il est en ma faveur; c'est pour moi tout le bien:
J'en ai le cœur percé; monsieur Garant n'a rien.

M. AGNANT.

Quel tour!

MADAME AGNANT.

La brave femme!

NINON, *en montrant les deux Gourville.*

Entre eux deux je partage,
Ainsi que je le dois, le petit héritage.
Je souhaite à monsieur d'autres engagements,
Une plus digne épouse, et d'autres testaments.

ACTE V, SCÈNE V.

M. GARANT.

Il faudra voir cela.

NINON.

Lisez, vous savez lire.

LE JEUNE GOURVILLE.

Il médite beaucoup ; car il ne peut rien dire.

NINON, *à madame Agnant.*

La dot de votre fille enfin va se payer.

M. GARANT, *en s'en allant.*

Serviteur.

LE JEUNE GOURVILLE, *lui serrant la main.*

Tout à vous.

NINON.

Adieu, cher marguillier.

MADAME AGNANT.

Adieu, vilain mâtin, qui m'en fis tant accroire.

M. AGNANT, *le saisissant par le bras.*

Et pourquoi t'en aller ? reste avec nous pour boire.

M. GARANT, *se débarrassant d'eux.*

L'œuvre m'attend, j'ai hâte.

LISETTE, *lui faisant la révérence, et lui montrant la bourse de cinquante louis.*

Acceptez ce dépôt.

Vous les gardez si bien.

GOUVILLE L'AÎNÉ.

Laissons-là ce maraud.

LE JEUNE GOURVILLE, *à Ninon.*

Ah ! je suis à vos pieds.

MADAME AGNANT.

Nous y devons tous être.

GOURVILLE L'AÎNÉ.

Comme elle a démasqué, vilipendé le traître!

MADAME AGNANT.

Et ma fille?

NINON.

Ah! croyez que, dès qu'elle saura
Qu'on va la marier, elle reparaîtra.

LISETTE, *à Picard.*

Ne t'avais-je pas dit, Picard, que ma maîtresse
A plus d'esprit qu'eux tous, d'honneur et de sagesse?

FIN DU DÉPOSITAIRE.

TABLE DES PIÈCES

CONTENUES

DANS CE VOLUME.

NANINE, ou LE PRÉJUGÉ VAINCU, comédie..... Pag. 1
Préface.................. 5
LA FEMME QUI A RAISON, comédie............ 91
Avertissement. 93
Variantes de la Femme qui a raison............ 151
LE DROIT DU SEIGNEUR, comédie............. 153
Avertissement...................... 155
Variantes du Droit du Seigneur............... 235
LE DÉPOSITAIRE, comédie de société........... 267
Préface........................... 269

FIN DE LA TABLE.

L.-E. HERHAN, IMPRIMEUR-STÉRÉOTYPE,
RUE TRAÎNÉE, N° 15, PRÈS DE SAINT-EUSTACHE.

www.ingramcontent.com/pod-product-compliance
Lightning Source LLC
Chambersburg PA
CBHW060612170426
43201CB00009B/991